乡村振兴之
农民素质教育提升系列丛书

新型农业经营主体经营与管理

◎黄 栩 主编

中国农业科学技术出版社

图书在版编目（CIP）数据

新型农业经营主体经营与管理 / 黄栩主编. —北京：中国农业科学技术出版社，2020. 7（2025.7重印）

（乡村振兴之农民素质教育提升系列丛书）

ISBN 978-7-5116-4837-2

Ⅰ. ①新…　Ⅱ. ①黄…　Ⅲ. ①农业经营-研究-中国　Ⅳ. ①F324

中国版本图书馆 CIP 数据核字（2020）第 116849 号

责任编辑　张国锋
责任校对　李向荣

出 版 者　中国农业科学技术出版社
北京市中关村南大街 12 号　邮编：100081
电　　话　(010)82106636(编辑室)　(010)82109702(发行部)
(010)82109709(读者服务部)
传　　真　(010)82106631
网　　址　http://www.castp.cn
经 销 者　各地新华书店
印 刷 者　北京虎彩文化传播有限公司
开　　本　850 mm×1 168 mm　1/32
印　　张　6. 5
字　　数　180 千字
版　　次　2020 年 7 月第 1 版　2025 年 7 月第 5 次印刷
定　　价　32. 00 元

《新型农业经营主体经营与管理》
编　委　会

主　编：黄　栩

副主编：郑寅梅　封欣伶

编　委：莫善婷　朱　晓　黄　冰　徐振兴
冯汉秋　邱诗琰　李　琳　覃莉莉
徐　漫　吴英兰　沈学梅　高建中
冀立军　贾建平　王敬伟

前　言

新型农业经营主体是在小农户基础上发展起来的，是农村出现的新生产模式，代表着农业的新生产力，是活跃农村经济的重要力量。加大对以家庭农场、农民合作社、农业产业化龙头企业为代表的新型农业经营主体的支持，是贯彻落实党中央、国务院关于支持新型农业经营主体发展、促进小农户和现代农业发展有机衔接等一系列部署要求的重要内容，也是加快推进农业农村现代化、夯实乡村振兴战略实施基础的重要举措。

本书立足新型农业经营主体的发展，以通俗易懂的语言对各类新型农业经营主体的功能定位、经营项目、创办规划、经营管理等知识进行了详细介绍。具体内容包括新型农业经营主体概述、专业大户的经营与管理、家庭农场的经营与管理、农民合作社的经营与管理、农业产业化龙头企业的经营与管理、小农户的经营与管理等。

本书不仅可供各类新型农业经营主体带头人培训使用，也适合广大新型职业农民学习参考。

由于编者水平所限，加之时间仓促，书中不足之处在所难免，欢迎广大读者批评指正。

编　者

2020 年 4 月

目　录

第一章　新型农业经营主体概述

第一节　新型农业经营主体的内涵

一、新型农业经营主体的类型

新型农业经营主体是在农村出现的新生产模式，主要是指在完善家庭联产承包经营制度的基础上，有文化、懂技术、会经营的职业农民和大规模经营、较高的集约化程度和市场竞争力的农业经营组织。

新型农业经营主体的类型主要分为 4 种，即专业大户、家庭农场、农民合作社、农业产业化龙头企业。在新型农业经营体系中，这四大主体是其中的骨干力量。

1. 专业大户

专业大户包括种养大户、农机大户等，这里主要指种养大户，是指以种养业为主，以家庭劳动力为主，在自由责任地基础上通过租用村内其他农户家庭的土地，扩大种养规模，在地缘基础上“土生土长”的新型农业经营主体。专业大户正如其名，它的主要特点是规模经营与专业化程度高、市场化特征明显。目前，国家还没有专业大户的评定标准，各地各行业的专业大户评定标准也有所差别。区分种养大户与一般农户的标准，主要有两个维度，即规模和专业化。

2. 家庭农场

家庭农场是以家庭成员为生产主体的企业化经营单位，具有法人性质，和专业大户相比，虽然都是以家庭为单位，但是其产业链较长，集约化、专业化程度较高，并非简单的从事初级的农产品生产。这种模式集专业化的农产品生产、加工、流通、销售为一体，可以涵盖到第一、第二、第三产业，例如一户人家既种植大规模的土地，又开办了农产品加工厂，还从事乡村旅游或者经营农家乐等。特点就是商品化水平较高，生产技术和装备较为先进，规模化和专业化程度较高，生产效率极高。

3. 农民合作社

农民合作社是农户之间通过土地、劳动力、资金、技术或者其他生产资料采取一定合作方式的经营联合体。这种模式是一种互助性质的农业生产经营组织，其规模更大，专业化水平更高，与市场的结合程度也更高，是农民自愿组织起来的联合经营体，也就是“抱团取暖”。特点是分工明确，从生产、加工到销售都由专门的团队负责，其生产效率也因此得到提高。

4. 农业产业化龙头企业

农业产业化龙头企业所经营的内容，可以涵盖到整个产业链条，从农产品的种植与加工、仓储、物流运输、销售甚至科研组织化程度和专业化都比较高，通常与农户的合作社模式主要有“企业+基地+农户”“企业+专业合作社+基地+农户”等。在实现自身发展的同时，也能带动农户的发展，甚至带动一个区域的特色农产品的发展。

二、新型农业经营主体的特征

1. 以市场化为导向

自给自足是传统农户的主要特征，商品率较低。在工业化、城镇化的大背景下，根据市场需求发展商品化生产是新型农业经营主体发育的内生动力。无论专业大户、家庭农场，还是农民合作社、龙头企业，都围绕提供农业产品和服务组织开展生产经营活动。

2. 以专业化为手段

传统农户生产“小而全”，兼业化倾向明显。随着农村生产力水平提高和分工分业发展，无论是种养、农机等专业大户，还是各种类型的农民合作社，都集中于农业生产经营的某一个领域、品种或环节，开展专业化的生产经营活动。

3. 以规模化为基础

受过去低水平生产力的制约，传统农户扩大生产规模的能力较弱。随着农业生产技术装备水平提高和基础设施条件改善，特别是大量农村劳动力转移后释放出土地资源，新型农业经营主体为谋求较高收益，着力扩大经营规模、提高规模效益。

4. 以集约化为标志

传统农户缺乏资金、技术，主要依赖增加劳动投入提高土地产出率。新型农业经营主体发挥资金、技术、装备、人才等优势，有效集成利用各类生产要素，增加生产经营投入，大幅度提高了土地产出率、劳动生产率和资源利用率。

三、各类农业经营主体的关系

从普通农户、专业大户、家庭农场、农民合作社到龙头企业，它们同时共存，又存在着内在的演变路径，从普通农户到龙头企业，内在地呈现出一个从初级到高级的农业经营主体创新的演变过程。

传统农耕社会，农业经营模式采用的都是以户为单位的家庭经营，普通农户在现代市场经济时代，逐渐难以应付多变的市场风险、政策风险，弊端逐渐显露。在家庭联产承包责任制下，种养能手会承包大片土地，利用自身的经验、技术进行农业经营。

20世纪70年代末、80年代初，我国通过农村改革构建了以农户家庭承包经营为基础、统分结合的农业双层经营体制，形成了农户家庭经营“小而全”“小而散”的格局。在种养大户的基础上，又逐渐形成家庭农场，家庭农场的规模比专业大户的经营规模大，种养品种多，应对市场风险、自然风险的能力强，成为农业经营体系的重要力量。农业的发展经营模式多种多样，无论是普通农户、专业大户还是家庭农场，都是以一家之力与市场抗衡，合作社的出现使得农户走向联合，土地大规模向合作社流转，技术、人才、经验、机械等各种资源在合作社汇聚，农户通过合作社取得了更大的市场话语权，生产效益从而得到提高。合作社不管成员入股多少，实行一人一票，合作社与成员之间形成利益共享、风险共担的经济共同体，所导致的效率低下与积极性不高的问题一直受人诟病。工商资本与现代管理制度的引入克服了这些问题，农业企业通过延长产业链，发展加工产品，企业家在农业上看到了客观的利润，企业拥有资本充裕的优势，恰好克服了合作社启动资金缺乏的问题。

5个农业经营主体之间长期共存，形成优势互补的整体，各自都无法相互取代，认清各个主体发展的利弊，能帮助生产经营者对农业经营模式的选择。

第二节 新型农业经营主体带头人

一、新型农业经营主体带头人概述

1. 带头人的内涵

从内涵来看，带头人至少要包含两层意思：一是必须在本行业、本领域出类拔萃，学有专才，术有专攻；二是必须具备成为一个团队的核心和灵魂的能力，能带出一支队伍，能够发挥引领和辐射作用。这两点是构成带头人的充要条件，其中后者是带头人区别于其他专业性人才的本质特征。

带头人应拥有较高的威望与信誉，成员们信任甚至依赖他，愿意跟着他走，这是一个组织高效运作的有力保障。这种威信有多种来源，有的带头人本身就是基层党政干部、村“两委”成员，在政治、组织方面具有优势；有的带头人是返乡成功人士、种养大户、经纪人，在资本、生产、市场方面具有优势；有的带头人是职业经理人、大中专毕业生，在管理、技术方面具有优势；还有的带头人是乡土领袖，办事公平公正，在当地群众中具有一定的号召力。

2. 带头人能够引领新型农业经营主体快速发展

在管理学界有句名言，“一只狼领导的一群羊能打败一只羊领导的一群狼”。这句话充分说明了带头人的重要性，同时，也隐含着团队的力量。

新型农业经营主体带头人是新型农业经营主体创立、改革和发展的领头羊，在农业经营主体建设和发展中起着至关重要的作用。在新型农业经营主体发展过程中，带头人处于核心领导地位，尤其在新型农业经营主体的管理和经营活动中肩负重要职责，是具有典范和引领功能的合作社核心人才。

二、新型农业经营主体带头人的作用

尽管不同类型的农业经营主体的功能和定位不同，但其带头人的作用基本一致，主要体现在以下 3 个方面。

1. 探索农村产业发展之路

随着脱贫攻坚不断推进，农村基础设施建好了，公共服务到位了，社会保障落实了，救助体系也逐步完善了，脱贫的基础条件具备了。但是，脱贫容易致富难，达标容易持续增收难。农村普遍条件差，找到合适的特色产业不容易，大多数农民参与产业发展难。家庭农场、合作社等新型农业经营主体带头人有文化、善思考、敢创新，他们能够发现并实践脱贫致富的产业之路。他们有技术专长，或善于经营和管理，有丰富的种植、养殖经验和市场渠道，而且有社会责任感，以带领周围村民发家致富为己任。

2. 在农业生产经营中示范

新型农业经营主体带头人在农业生产经营中具有示范作用。尽管当前农民朋友的文化知识已有很大提高，加上农业生产经营知识学习的途径增多，但只有书本上的知识，在具体的实践中还会面临很多困难。新型农业经营主体带头人通过自身实践取得成功，农民朋友可以直接借鉴学习。

如南京市浦口区江浦街道高旺社区家庭农场主孔照翠，她通过多年的努力拼搏成为远近闻名的养殖大户。村民们看到孔照翠获得了成功，纷纷跟着一起搞养殖。在开始养殖时，孔照翠认真指导村民如何培育幼仔猪，并把自家的仔猪送给邻里，并积极引导村民掌握养殖过程中的各个操作细节。

带头人的示范作用明显强于村民“被培训”。政府花大力气组织培训农民，农民拿着补贴参加培训，重复培训、无效培训占了相当比例；而带头人的示范作用更加直接、有效。

3. 推动农业管理从个体走向合作

带头人往往是合作经济组织中的领导人和负责人，在当地农村中拥有一定的社会影响，深受周围农民的信赖。他们依托自己的技术和管理经验及资金、市场渠道的优势，带动周围农民发展当地优势产业和产品，并随着市场规模不断扩大，开展产品购销和物资供应等，解决在农业生产经营管理中面临的共同问题。个体农户组成农民合作经济组织，有利于降低市场风险、节省经营管理成本，形成了研发、种养、加工、物流、营销以及生产资料的制造和供应紧密结合的一体化管理服务体系，以此获得农业生产经济效益的最大化。

总体上看，新型农业经营主体带头人在农业生产经营中，能够在率先行动的同时，带动、支持广大普通农户，共同推进现代农业发展。

三、新型农业经营主体带头人的培育

1. 遴选学员

根据本地产业发展需要，结合培训规模，围绕年龄、学习能力、生产经营状况、参训积极性、示范带动作用等方面明确基本条件，从农业农村部“新型职业农民培育对象库”中遴选符合条件的培育对象组建班级开展培训，实现培育对象的精准化。坚持自愿原则，按照农民个人申请、县级农业主管部门审核确认的程序确定学员。

2. 制订培训计划

开展需求调研，通过访谈法、问卷法、实地考察法等调研方法，充分了解当地农业产业现状、发展目标和对现代农业生产经营者的要求，掌握学员知识结构、技能水平、生产经营状况、参训需求等各方面信息，摸清学员现状与培养目标所需具备的理念、知识、技能之间的差距。立足培训目标，对调研结果进行汇总分析，以农业农村部发布的新型职业农民培训规范为依据，围绕主导产业，科学制订培训班实施计划，对培训目标、培训内容、学时分配、培训日程安排、培训教师、培训地点、考核评价等做出具体安排，对学员组织、培训方式、培训管理提出明确要求，做到一班一案。

3. 做好培训准备

选聘熟悉“三农”情况、理论基础扎实、实践经验丰富、指导能力强的教师开展教学和跟踪服务。综合课程和专题课程教师主要从教育培训机构、农业院校、科研推广单位、行政管理部

门中选聘，专修课程教师主要从产业技术体系、科研教学单位、农业企业、农民合作社、专业大户、家庭农场中选聘。按照务实管用、就地就近的原则，选取课堂教学和现场教学场地。

4. 强化班级管理

完善班级管理制度，指定专人担任班主任，做好学员管理，配合授课教师对教学活动进行管理，并做好开班、培训、评价、结业等各环节的安排部署。选举班委，建立班级管理制度，鼓励学员在班主任指导下自我管理。按照“实事求是、应归尽归”的原则，按班次建立规范完整的培训档案，包括文书文件、培训计划、教学方案、教材、师资信息、学员台账、学员满意度测评表、考核评价资料、跟踪服务记录、财务档案、影像资料及其他需要保存的资料。通过新型职业农民培育工程信息管理系统，建立学员学习账号，完善学习电子档案，记录学员学习内容、学习时间和学习结果等信息。严格按照农业农村部、省、市关于新型职业农民培育经费支出标准和范围相关要求，规范资金使用。

5. 开展效果测评和总结

建立培训效果评估机制，利用问卷调查、学员座谈、实地查验等形式，围绕培训内容、培训方法、培训教师、培训时间、培训教材、跟踪服务、组织管理等内容，进行学员满意度测评。做好培训总结和宣传，按照农业主管部门要求，按时上报总结等相关材料，并配合做好督导检查和验收工作。

6. 加强培训基础建设

结合需求调研，采集符合培训要求人员的产业规模、从业年限、技能水平、培训需求、政策需求等信息，填写新型职业农民培育对象信息采集表，建立个人档案，纳入农业农村部“新型职业农民培育对象库”进行动态管理。采集聘请师资信息并纳入“全国新型职业农民培育师资库”进行统一管理和使用，原则上每年80%以上的教师要从入库师资中选聘。对入库师资进行考核管理，根据学员反馈信息了解培训效果，作为讲课费发放和是否续聘的主要依据。结合本地实际，以农民合作社、家庭农场、农业龙头企业等为依托，建立农民田间学校等稳定的教学基地和实训基地，并采取适当方式加强基地建设。

第三节　新型农业经营主体的发展

一、新型农业经营主体发展中的问题

尽管我国新型农业经营主体发展形势总体看好，但在发展过程中还面临诸多问题，具体如下。

1. 专业人才缺乏

懂经营管理、市场拓展的新型职业农民较少，且农村工作条件较为艰苦、薪资待遇较低，很难留住高素质人才。

2. 农村土地流转机制不畅

农村土地流转存在“三不”“三难”现象。“三不”，即农户认为土地不值得流转，不愿意流转，不敢于流转。加之目前农村社会保障体系不够完善，农民仍视土地为“命根子”，害怕“失地失权”。“三难”，即从大户看来，农村空巢户增多，面商流转难；农户情况迥异，成片流转难；法制意识淡薄，规范流转难。一些农户对土地流转存在惜租心理，导致一些新型经营主体流转来的土地不集中，有的租期短、变数大，增加了生产和管理成本，制约了经营规模扩大。

3. 基础设施配套落后

目前，仍存在大型水利设施失修、小型水利设施陈旧、运营效率低下等问题，这在很大程度上影响了新型经营主体的发展。地形条件差、交通不便、水源缺失的耕地，由于收成无保障，往往流转给新型农业经营主体。新型经营主体逐渐扩大经营规模

后，需要进行大量的基础设施建设，如平整土地、挖掘水渠、兴修机耕道等，导致生产成本较高。

4. 经营主体类型发展不均衡

从经济效益来看，以经济作物、休闲农业等为主的新型经营主体收益高于以粮油种植为主的新型经营主体。现阶段新型经营主体发展类型不均衡，以粮油为主的经营主体发展缓慢，以经济作物或休闲农业为主的经营主体发展速度较快。

5. 金融保险发展滞后

目前，我国农村信贷抵押担保、农村信用体系建设相对滞后，而合作社、家庭农场和专业大户又缺乏金融机构认可的一般抵押物，加上申请手续繁复、隐性交易费用高等问题，导致贷款难度较大，特别是大额贷款和中长期贷款问题尤为突出。

6. 农业社会化服务体系不健全

近年来，我国农业社会化服务体系逐渐成形，但仍存在服务主体较少、水平较低、内容有限、成本较高等问题，难以有效满足新型经营主体发展需求。目前，农业社会化服务主要以农业生产机械服务、农业生产技术指导、农产品流通等方面为主，资金借贷、农业保险、市场信息、政策信息等方面服务较少，难以满足新型农业经营主体发展的个性化需求。

二、新型农业经营主体发展的对策建议

1. 开展针对性培训，提升新型农业经营主体能力水平

借助现代通信方式，利用微信、微博、远程教育或App客户端等多种资源形式，将新型经营主体的管理者、成员等纳入“新型职业农民培育”“农村青年电商培训计划”“贫困村创业致富带头人培训工程”等培训工程，通过现场教学、远程教育等多种方式加快培育更多适应现代农业发展需求的新型职业农民。

此外，要注重“因材施教”。对种养大户、家庭农场，重点

关注绿色种养技术的引导；对于合作社，除了种养技术，重点帮助解决设施用地及加工等方面难题；对于龙头企业，重点在互联网新技术、加工技术、经营管理方面给予帮助。

2. 稳定土地流转，完善相关法律法规

建立完善现有土地流转服务平台，加强土地流转服务和管理。建立基层土地信托服务中心，为土地流转创造良好的环境和平台。明确土地流转政策边界，依据农业产业发展规划等加强项目监管和土地用途管制，遏制耕地流转的“非农化”。

3. 加大投入力度，加强基础设施建设

各级财政支持的各类小型基础设施项目，优先安排农村集体经济组织、农民合作组织等作为建设管护主体。鼓励推广政府和社会资本合作模式。鼓励新型农业经营主体合建或与农村集体经济组织共建仓储烘干、晾晒场、保鲜库、农机库棚等农业设施。根据实际情况，在年度建设用地指标中优先安排新型农业经营主体建设配套辅助设施，并按规定减免相关税费。允许新型农业经营主体依法依规盘活现有农村集体建设用地发展新产业。新型农业经营主体发展农产品初加工用电执行农业生产电价。建立农业用水精准补贴机制和节水奖励机制，在完善水价形成机制的基础上，对符合条件的新型农业经营主体给予奖补。

4. 强化规范管理，推动长效发展

继续扶持一批省级示范家庭农场、农民合作社示范社做大做强。支持有实力的新型农业经营主体承担农业建设项目，完善生产、加工、流通等配套设施。发挥政府引导作用，加强人才、技术、资金等资源整合力度，引导优势产业集群集聚发展。进一步做大、做强、做实、做优农业龙头企业，延长农业产业链，增强辐射带动能力，推动农业优势产业集群发展。推动一批基础好、有发展潜力的龙头企业推进上下游产品加工的联合与合作，优化整合农业产业链，促进龙头企业转型升级，增强龙头企业经营实力。实施品牌经营战略，让新型经营主体能够“走出去”，在市场竞争中立足。引导发展土地股份合作，以“企业+农户”“基地+农户”“合作社+农户”等形式为主要抓手，鼓励农民以转包、出租、互换、转让、股份合作和联合经营等形式流转土地，明确新型经营主体与农户之间的权益与责任，建立两者之间紧密利益联结机制，让农民分享加工和流通环节的利润。

5. 完善金融保险政策，拓宽融资渠道

充分发挥农业政策性银行在农村金融中的骨干作用，规范金融机构农业融资收费，简化农业融资手续，缩短放贷周期，提高融资效率。完善金融市场配套法律法规，支持符合条件的农业产业化龙头企业上市融资等，多元化拓宽新型农业经营主体融资渠道。同时，由政府推动完善农业政策性保险，通过税收减免、财政补贴等措施，鼓励商业性保险公司扩大对新型经营主体的保险覆盖面。

6. 完善农业社会化服务体系，培育新型农业社会化服务主体

以新型经营主体为依托，推进新型农业社会化服务体系建设，实现小农户和现代农业发展有机衔接。对新型经营主体领办农机服务、统防统治、抗旱排涝、技术培训等方面予以扶持。支持高等院校、科研院所与新型经营主体共建科研与农业技术推广生产基地，通过推行技物结合、农业高产创新、农机农艺结合、全程服务等模式，加大农业科技成果转化和推广投入，支持新型经营主体引进推广新品种、新技术、新设备，提高标准化、规模化水平。

第二章　专业大户的经营与管理

第一节　专业大户经营概述

一、专业大户发展中面临的困难

1. 风险高

专业大户在生产过程中主要存在市场风险高、自然风险高以及信贷风险高等方面。市场风险高主要是由于专业大户虽然具有一定的经营规模，但比起龙头企业或者强大的合作组织，其自身实力还是差很多，在市场上没有话语权，农产品的市场价格容易受其他组织的影响，导致质优价廉。自然风险高主要是由于农业生产受自然条件的影响较大，一场干旱可能导致专业大户一年的收成为零。信贷风险高主要是由于农业生产受市场条件和自然状况的影响大，容易导致某一年收成的减少，从而导致资金链的断裂，还不上贷款。另外，农业保险的保额相对较少，其数额远远不能满足因市场风险、自然风险等因素造成的损失，这也无形中增加了专业大户的信贷风险。

2. 成本高

随着城镇化的不断发展，专业大户的生产成本逐步增高，其主要表现在两个方面：一方面，是土地流转成本高。近年来，随着合作社和家庭农场的不断发展，土地的规模经营越来越多，但土地流转资源相应减少，农民出现了“惜地”现象，他们认为土地作为重要的生产资料，价格会越来越高，在其非农收入稳定的情况下，他们不愿意以低价格将土地流转出去。另一方面是雇工劳动力成本增加。越来越多的年轻人开始脱离农业，脱离农村，选择进城务工或者做生意，而留守在农村的劳动力越来越少，农民对雇工的价格要求也就越高。甚至有的时候，会出现专业大户想以高工资雇工却无工可雇的现象，专业大户不得不通过区域合作，从别的区域调集雇工，导致成本增加。

3. 融资难

专业大户融资难问题主要体现在两个方面，一方面由于不少专业大户生产规模小，农产品缺少特色，技术含量低，再加上农业回报周期长，回报率低，致使一些工商资本不愿进入，导致融资困难；另一方面，由于授信担保困难，申请手续烦琐，隐形交易费用高等问题，专业大户很难从银行获得贷款，导致融资困难。

4. 基础设施不到位

专业大户发展农业生产所需的基础设施不全，也阻碍了大户的发展，比如与农业生产相关的道路、水利等基础设施不全，由于专业大户自身能力有限，靠其自身力量是解决不了的。还有，种植大户因其规模经营的缘故，在粮食收上来以后，由于晾晒场或烘干设备的缺失，导致粮食晾晒难。

二、专业大户的经营对策

1. 规模适度

对专业大户而言，经营多大规模取决于经营能力、资金实力、应对市场能力、承受风险能力等多种因素，需要一个逐渐积累、逐渐成长的过程。因此，专业大户的发展不能以大为目标，必须追求适度规模经营。因为不同的专业大户判断其适度规模的标准不统一，如种粮大户往往以种植面积的大小进行确定，而养殖大户往往以养殖数的多少进行确定，标准的不统一对适度规模的总体判断也会存在影响。因此，规模适度可以从下列两个方面进行。

（1）专业大户的收入水平与城镇居民的收入水平持平。专业大户的纯农收入水平如果等于或高于城镇居民的平均收入水平，就可以说专业大户通过适度规模经营实现了盈利，实现了增收，出现了规模效应。

（2）专业大户的收入水平达到农民平均收入水平的一倍以上。某个地区专业大户的收入水平达到该地区农民平均收入水平的一倍以上，可以说，该专业大户实现了适度规模经营，促进其自身的增收。

2. 水平上移

（1）产品特色化。专业大户应发挥农产品的天然优势，找准产品特色，并形成最有竞争力的农产品。“特色+规模”才能形成农业区域经济，这也需要把专业大户纳入区域化规划中，实现从“一户一品”“一村一品”上升到“一县一品”或者“一市一品”。特色农产品的发展，必须注重3点：一是要考虑产品能否产出来、卖出去，以及专业大户是否愿意种；二是要坚持产业配套，做到产供销一条龙、种养加一体化、贸工农三结合，突出一品，突出特色，形成完整产业链；三是要发展循环农业，注重经济效益、生态效益以及社会效益的统一。

（2）产销集约化。专业大户应加强生产要素的合理配置和集约投入，促进规模化、集约化生产。同时，更为重要的是要实现销售环节的集约化，即采取农超对接、农社对接、农食对接、农校对接等方式，减少中间流通环节，近距离对接消费者，降低成本，增加效益。

（3）运营组织化。在市场竞争日益强烈情况下，越来越多的专业大户应逐渐放弃“单打独斗”，逐渐形成“规范发展”和

“抱团发展”的格局。可以转型升级为家庭农场，可以领办或联办、参加农民合作社，通过组织化的运营，实现规模效应和品牌效应，通过组织化运营，降低生产和交易成本，降低市场风险。

（4）作业机械化。为了适应规模化生产需要，专业大户必须提高机械化程度，此外，随着雇工成本的增加，专业大户也必须通过提高机械化程度来降低生产成本。作业的机械化应该实现“五机”统一，即实现作业机械化的统一机耕、统一机播、统一机防、统一机收、统一机烘。

3. 定位调整

农业从业人员的老龄化，劳动力成本、土地流转成本高以及风险控制能力弱等问题都促使专业大户要尽快对定位重新调整。专业大户牵头组建的合作社在一些地区已成为合作社的主要形式，这些合作社的经营者往往同时也是专业大户。专业大户可以户户联合形成合作社，他们之间可以是横向的同质联合形成合作社，也可以纵向的异质联合形成合作社。此外，作为专业大户的升级版或高级形式，家庭农场也是专业大户的转移或发展方向。

4. 谋划新局

（1）创新模式，破解土地流转难题。首先，要创新土地流转模式，积极探索完善“股份+合作”的流转路子和“底金+分红+劳务收入”的分配模式，密切大户和农民的利益联结关系，实现合作共赢；其次，要积极培育土地流转交易市场，让土地高效流转，解决土地流转协商时间长、签约成本高等问题；最后，要实现土地流转的信息化、网络化管理，提高土地流转服务水平，及时发布土地流转信息以引导土地流转。

（2）转变观念，平等对待专业大户。总体来看，我国农业生产经营主体将长期存在着多层次、不平衡的情况，既有龙头企业、合作社等实力相对较强的新型农业经营主体，也有家庭农场、专业大户等实力相对较弱的新型农业经营主体，还有一般农户或普通农户等实力弱小甚至没有实力的传统农业经营主体。这就要求国家在制定政策时，既要追求效率、鼓励先进，促进龙头企业、合作社做大做强；也要兼顾公平、救济贫弱，对家庭农场、专业大户和大量的一般农户给予关注扶持，通过多种途径提升他们的发展能力和生活水平。尤其最近国家政策在向与专业大户平级的家庭农场转移时，要综合考虑专业大户对政策的需求过程。

（3）完善政策，促进专业大户做强。各级政府以及相关部门可以通过三方面来完善政策，促进专业大户做强、做大。一是“推”，各级政府以及相关部门对专业大户的发展要加强组织领导，制定符合本区域的扶持办法，推动专业大户的快速发展；二是“扶”，各级政府以及相关部门通过完善贷款担保、抵押办法，帮助专业大户解决融资困难，优化专业大户发展的软环境，确保专业大户发展快、效益好、能壮大；三是“帮”，各级政府以及相关部门应充分发挥各部门职能作用，指导专业大户做好产业规划，将重点项目、扶持资金向其倾斜，增加基础设施建设，并做好产前、产中、产后服务，帮助解决发展中的难题。

（4）加强培训，提升专业大户素质。只有高素质的生产者才能成为高生产技术的实践者，只有高素质的管理者才能成为产业发展引导者，因此，应培养一批“有学历、有技能、懂管理、善经营”的高素质专业大户，使其带领广大农民走上科技兴农的道路。为此，必须实施“走出去”“走进去”“走上去”的培训战略。“走出去”是指专业大户应摆脱地域限制，多到农业发达或者专业大户发展较好的国家和地区进行实地学习，学习人家先进的实践经验和做法；“走进去”是指专业大户必须走进校园，通过高校培训班的培训，提升自己的理论知识水平；“走上去”是指专业大户必须通过培训了解学习高级形式的家庭农场和合作社，明确自己是否能够具备发展成为家庭农场和合作社的条件，为其下一步做强、做大做好准备。

第二节 种植大户的生产管理

一、农作物种植大户的生产管理

农作物生产是种植业生产部门的主要组成部分。大田栽培的粮食作物、经济作物、饲料作物都属于农作物生产的范围。科学合理地安排农作物种植制度，对于提高农作物经济效益，维护生态平衡，提高地力和防治病虫害有重要意义。

1. 农作物的生产特点

农作物生产过程是自然再生产与经济再生产相结合的过程，必须按自然规律和经济规律去组织生产。农作物生产的特点主要表现如下。

(1) 农作物生产以土地为基础。土地是农作物生产不可替代的生产资料。土地本身具有独特的特性肥力，而且数量有限。土地在科学合理使用下，其肥力可以得到提高。农作物生产要因地种植，实现用地与养地相结合，才能实现农作物持续稳产、高产。

(2) 农作物生产的对象是有生命的植物。农作物生产是在大自然中进行的受到自然界许多因素（土壤、水分、气候、光照等）的影响。因此，农作物生产具有不稳定性和难以控制。农作物利用其生活机能，通过对光、热、水、肥等的吸收，将无机物转变为蛋白质、淀粉和糖分等有机物质，满足人类生活、生产的需要。

(3) 农作物生产具有较强的季节性和时间性。生产效果在很大程度上取决于按农事季节完成各项作业的状况。因此，各项作业必须按农事季节去完成。农作物生产的这一特点还影响其他部门的生产。

(4) 农作物生产的生产时间与劳动时间的不一致性。这种不一致性要求把农作物生产与其他一些有关部门的生产恰当地结合起来，以便最大限度地利用自然资源和人力资源。

2. 农作物的生产管理

农作物生产季节性强，周期较长，一般需要经过整地、播种、田间管理和收获等作业过程。在各个阶段中，作业内容不相同，目的要求不同，采用的技术措施与操作方法不相同，所需的劳动量和生产资料也有差别，并且要求在规定的期限内完成作业任务。因此，组织好每个阶段的生产活动是生产过程组织的重要任务，是夺取丰收的关键。

(1) 耕作工作的组织。整地是种植业生产的一项基本工作，它直接影响到以后一系列作业的质量。在耕作工作中为了保证作业质量，首先是做好人力和机具的准备。在以人工畜力为主的条件下，应力求做到精耕细作，达到规定的技术要求。

(2) 播种工作的组织。在种植业生产中播种工作是一项时间性很强的重要作业。高质量地适时完成作物的播种作业，对农作物的高产起决定性的作用。播种工作的技术要求高，时间限制严，有时还同收获工作同时进行，因而需要加强组织管理，合理调配劳力，有计划地安排作业，以便保证播种工作的顺利完成。

(3) 田间管理工作的组织。田间管理工作是在从播种到收获这一阶段中进行的，这是农作物生长发育和形成产品的过程，这阶段的田间管理工作相当多，如间苗、中耕、培土、除草、施肥、灌水、施药等。这些农活均直接影响到农作物的产量，应严格按照技术要求进行。

(4) 收获工作的组织。这是一项最为繁重和重要的工作，组织好这个阶段的工作才能保证丰产丰收。这个阶段的主要任务是把成熟的庄稼全部收获到手，颗粒归仓，不受损失，同时还要把土地及时空出来为下茬作物的及时播种创造有利条件。收获工作可以采用不同的方式进行，或手工收割，或畜力农具收获，或机械收割等。不同的方式有不同的技术操作规程，在进行作业时应严格按操作规程进行，才能提高工作质量和工作效率。当产品收获后，还要注意安全，加强防火、防盗、防雨措施，保证到手的劳动成果不受损失。

农作物生产过程中的作业项目繁多，生产组织工作总的要求是合理使用人力、机器设备等，保证农活质量，符合农艺要求；不违农时，在规定的期限内完成各项作业；注意节省开支，降低作业成本，提高生产的经济效益。

二、蔬菜种植大户的生产管理

1. 蔬菜的生产特点

蔬菜生产是农业种植业的一个重要组成部分。因此，因地制宜地发展蔬菜生产，特别是在大城市郊区及工矿区周围发展蔬菜生产，对于保证城镇居民蔬菜的供应、增加菜农的收入都具有重要意义。尽管栽培蔬菜种类繁多，种植方法各异，但蔬菜生产却具有如下共同特点。

(1) 季节性生产、均衡性消费。这是蔬菜产销工作中的主要矛盾，由于蔬菜的产品特点决定了人们天天需要消费，而蔬菜生产又受自然条件特别是气候条件影响，具有明显的季节性。在市场供应上反映为淡季和旺季。在淡季供不应求，市场紧张，消费者不满；在旺季供过于求，大量返销腐烂，造成浪费，生产者蒙受损失。因此，在蔬菜经营上必须根据这一特点，组织好生产与供应。

(2) 种类、品种繁多，茬口安排复杂，复种指数高。蔬菜可分为叶菜、根菜、果菜、茎菜、花菜、水菜六大类，在每一类中又有若干品种、若干品系，由于各种类、各品种、各品系的生物学习性各异，生产周期长短不一，故在生产的茬口安排上较其他农作物复杂得多，有的一年多茬，有的多年一茬或一年一茬，其复种指数很高。因此，蔬菜生产必须根据这一特点逐个品种、逐季逐月地安排生产，力争做到均衡生产，均衡上市。

（3）蔬菜不耐储藏，远程运输困难。蔬菜多为鲜嫩产品，含水量大，容易腐烂变质，不耐储藏，大量远程运输困难，可食率低。根据这一特点，要求经营者既能适应它的生命活力，保持它的鲜活度，又能根据产品的理化、生物特性进行科学检验、保鲜储运，以保持产品使用价值，提高产品的可食率，满足消费者对产品鲜嫩的需要。

（4）蔬菜生产的集约化程度高。由蔬菜生物学特性和生长发育规律决定，蔬菜生产与其他农作物比较，其对水、肥要求较高，需要投入的劳动和资金也多。因此，根据这一特点，在经营上应实行集约经营方式，以劳动集约、技术集约和资金集约相结合的办法，不断提高蔬菜生产的集约化水平，提高蔬菜的产量和经营效益。

（5）蔬菜生产的波动性和风险性大。蔬菜生产除对肥、水条件要求较高外，还易受旱、涝、病虫害、霜冻等自然灾害的影响，产量不稳定，波动性大，难以正确估计产量和进行市场预测，不利于市场运销活动的开展，其生产风险和经营风险均较大。

（6）蔬菜栽培技术的综合性强。蔬菜栽培包括播种、育苗、移栽、施肥、灌溉等环节，各环节各作业过程都有特殊的技术要求，而且栽培过程涉及有关植物生理、遗传、生物生化、土壤、气象、农业机械、植保等综合技术，难度大，蔬菜生产者难以掌握。

2. 蔬菜均衡生产管理

蔬菜均衡生产是保证蔬菜均衡供应的前提。蔬菜供应不均衡，直接影响消费者和生产者的利益，为此，特提出下列几项措施，以保证蔬菜均衡生产，达到均衡供应的目的。

（1）科学安排露地蔬菜茬口、轮作、品种。

（2）采用先进栽培技术，以提早或推迟落市。

（3）积极推广保护地栽培和温室栽培方式，缩小淡旺季差距。

（4）发展蔬菜储藏加工，建设冷库或速冻车间。

（5）发展高山寒地蔬菜，与平原蔬菜错开上市。

（6）加强道路建设，建立蔬菜运销绿色通道。

三、果树种植大户的生产管理

1. 果树的生产特点

果树生产是种植业生产的重要组成部分，在国民经济中占有重要地位。果树生长的生物学特性决定了果树生产具有其他部门所不同的特点，要研究果树生产的组织与管理，就必须了解果树生产的特点。果树生产的特点如下。

（1）果树生产是具有多效益的生产部门。果树生产不仅为人们提供营养丰富的果类食品，满足消费者日益增长的多种需要，为食品工业、化工工业等国民经济等部门提供原料，增加集体和果农收入等方面起了重要作用；而且还有改善气候条件，保护生态平衡，美化生活环境等作用。果树生产具有经济、社会、生态诸方面多效益的特点。

（2）果树生产经济效益高，持续性强，但一次性投资大，资金回收期长。果树多数为多年生植物，生产初期投资大，一般果树投资后需几年才有效益。随着人民生活水平的提高，对果品的需要量越来越大。

（3）果树生产技术复杂。果树生产从育苗、定植、采果到产品的储、运、销等过程涉及一系列复杂的技术问题，而且各个作业过程、各个环节都有不同的技术要求，特别是育种、修剪等技术一般果农难以掌握，严重影响到果树生产的产量。

（4）果树生产的产销矛盾突出。果树生产受自然条件的影响较大，生产的地域性、季节性和年度差异性十分明显，产品的鲜活性，易腐易烂，消费的普遍性、大量性和均衡性使其产销矛盾尤为突出，要求果品经营者根据各类果树生产的产销特点、产销规律做好产销协调工作。

（5）果树生产选栽地域辽阔。果树是一种适应性广的作物，各类果树可以在不同地形、不同土壤、不同气候、不同海拔高度的广大地域生长和种植，这就有利于我们充分利用国土资源，从而促进立体农业、山地农业、生态农业、创汇农业和庭院经济的发展。

2. 果树的生产管理

根据果树生产的特点，果树生产应做好以下几方面的工作。

（1）果树生产应以市场为导向，政府加以引导。果树生产要因地制宜，立足本地市场，面向全国，考虑国际、适应内外贸易发展的需要。要选好果树品种，成片开发，形成区域优势，避免一哄而起，盲目扩大栽种面积，重栽轻管等粗放经营现象，做到种一块、管一块、成一块、收效一块。

（2）抓好果树生产主要技术环节的管理工作。果树生产过程包括若干作业环节，各环节作业质量的好坏直接影响到果树的产量和质量，特别是一些主要技术环节对果树生产的影响至关重要。为此，必须抓好果树生产主要技术的管理工作，如合理施肥、病虫害防治、合理修剪等都属主要技术，需加强管理。

（3）做好系列配套服务和采取各种优惠政策。为了保证果树生产顺利发展，必须做好各种服务工作和采取多种优惠政策，如做好运销、信息、技术咨询、技术培训、物资供应等方面的服务工作，提供优惠贷款、减免果树生产初期税收政策，使良好的服务和优惠的政策有利于促进果树生产的发展。

(4) 公、检、法齐抓共管，维护果树生产者的经济利益。目前各地普遍反映偷盗、哄抢果品事件屡次发生，严重影响了果树生产者的生产积极性，公、检、法各部门应采取坚决措施，保护他们的利益。

第三节　养殖大户的生产管理

一、养猪大户的生产管理

1. 养猪业生产的特点

猪与其他家畜相比，具有成熟早、产仔多、生长快、产肉多等特点。猪属杂食动物，饲料利用范围广，且适应性强。因此，无论是群养和散养，无论是集体和个人、农村和城市、农区和牧区、高山和平原等都可饲养。猪肉是我国肉食供应的主要来源，过去一直占我国肉食消费的90%以上。近年来由于畜牧业生产结构的调整，草食家畜和家禽有较大发展，但猪肉仍然是我国肉类结构中最重要的组成部分。在今后一个相当长的时期内，猪肉仍将是我国肉食消费中的支柱产品。活猪、冻猪肉、猪鬃、猪肠衣等还是我国出口的主要畜产品，在出口创汇和支援经济建设方面起着重要作用。猪粪是农村有机肥料的重要组成部分，是农牧结合的纽带，对促进农业生产和生态的良性循环起着重要作用。

2. 养猪场生产管理

(1) 猪群类别的划分。在养猪场中，为了有计划地组织生产和更好地根据各类猪的特点进行饲养管理工作，应对不同年龄、体重、性别和用途的猪划分不同的群。这有利于建立合理的劳动组织、实行科学的饲养管理和编制统计报表。目前养猪生产中将猪群一般划分为以下几类。

① 哺乳仔猪，指初生到断奶前的仔猪。

② 断奶仔猪，指断奶后到 70 日龄左右的幼猪。由于猪的品种变化和饲养管理技术与配料的改进，各规模猪场的猪育成阶段，是指 35~70 日龄（即 8~25kg）的幼猪。

③ 生长肥育猪，指 25~90kg 阶段的肉猪。目前在较大规模、生产水平较高的猪场中，用作商品生产的猪只，母猪不去势，一般采用直线肥育法，生长阶段与肥育阶段难于划分，所以，多称生长肥育猪。但在科研单位，一般以体重大小来区别，25~60kg 阶段称生长猪，60~90kg 阶段称肥育猪。

④ 繁殖猪，繁殖猪群包括后备公母猪、鉴定公母猪和成年公母猪（或基础公母猪）。为了不断提高猪群质量，留作种用的猪需经多次鉴定，认为合格者才转入基础群。所以，一般又将繁殖猪较细地分成以下群别。后备猪指从 25kg 起到开始配种以前，暂时选留的公、母猪，公的叫后备公猪，母的叫后备母猪。鉴定公猪是指 8 月龄以后参加过配种，但仍待选择的年轻公猪；鉴定母猪是指已产过 1~2 胎的 1 岁半左右、但仍待选择的年轻母猪。成年公猪是指经过鉴定合格的 1 岁半以上的公猪；成年母猪是指经鉴定合格的 1 岁半以上的母猪。淘汰猪是指失去种用价值的后备或成年公、母猪，因久病不愈或因伤致残的生长肥猪。各类猪群在养猪生产总体活动中具有各种不同的作用。

（2）猪群结构。猪群结构是指各种类别和各种年龄的猪在整个猪群中所占的比例。决定猪场猪群结构的原则是：首先坚持自繁自养，质量可靠又经济；其次应当特别重视选择品质优良的青壮年公母猪作为基本的繁殖猪群，因为繁殖猪群的更新，不是简单地以青壮年猪只代替生产性能较低猪只的过程，而是猪群质量不断提高的过程。提高猪群的生产性能，则是提高产品率和劳动生产率的重要途径。所以我们必须使品质优良的青壮年母猪与公猪在基础群中保持 80%~85%的比例。同时还要考虑这些基础猪群的品种应适合当地的需要和自然经济条件。

由于扩大猪群再生产的规模、速度与繁殖猪群在整个猪群中所占的比重有很大关系，因此，在任何一个猪场内，首先要保证有一个正常的繁殖群，包括公、母猪及后备猪。这 3 个群在全部猪群中所占比例，应以基础母猪群为基础，因为基础母猪是直接生产者，它的比重大小，决定着猪群的增长速度。至于基础母猪占存栏猪的比例多少，应根据养猪场的生产目的而有所不同。公猪和后备猪占猪群中的比例，取决于基础母猪的头数。因此，在确定这两类猪群的比例时，可以根据它与基础母猪的比例来推算。公猪与基础母猪的比例，在采用自然交配情况下，一般为 1：(20~30)，如果采用人工授精，公猪数量可大大减少；后备猪为每年应淘汰和补充的基础母猪数的 2~3 倍，公猪为 5~9 倍。

(3) 猪群的组成和周转。后备猪成熟后（8~9 月龄），经配种转为鉴定猪群。公猪经鉴定，生产性能良好的转入基础猪群，不合格者淘汰肥育。鉴定母猪分娩后，根据其产仔情况、哺育情况来确定它是否转入基础母猪群中作核心母猪或一般繁殖用，还是淘汰肥育。核心群产的仔猪断乳后，经选择后再转群。基础母猪 5 岁以后，生产性能降低者淘汰肥育。公猪利用 4~5 年后，做同样处理。

(4) 养猪场生产计划的编制。规模较大的综合性养猪场都要根据生产任务，确定相应的分娩方式，编制交配分娩计划。

养猪场的分娩方式分为全年陆续分娩和季节性分娩两种，这两种分娩方式各有优缺点，常年分娩有利于猪舍的充分利用，平衡公猪的配种负担，缓和生产的季节性，而季节性分娩可以避开寒暑两季较差的气候条件，提高产仔成活率。同时还可以通过产仔季节的安排，把育肥期安排在青绿饲料充足的季节，以利于育肥猪的生长发育。

3. 提高养猪场经济效益的主要措施

养猪场的主要生产目的是盈利，其产品应是低成本、高质量、符合市场需要。为此，要提高养猪场的经营效益，既要制定正确的经营决策，使产品具备市场竞争能力，销路通畅，又要采用先进的科学技术，提高产量，降低成本，同时还要抓好生产过程中的经营管理工作。

(1) 科学饲养。猪场为适应自己的生产需求，要讲究科学养猪，如饲养良种猪，饲喂全价配合饲料，实行科学管理，掌握适时屠宰出售，提高瘦肉率，适应消费需要。

(2) 适度规模经营。农村养猪场规模的大小与经济效益的高低，并不是任何时候都成正比例，只有当生产要素的投入规模与本场经营管理水平相适应，而产品又适销对路时，才能获得最佳经济效益。

(3) 掌握市场信息，打开流通渠道。销路不畅，不能按时出售，势必增大饲养成本，减少销售收入。

(4) 经营形式灵活多样。第一产业为主，多种经营有利于发挥养猪场各类劳力和生产设备的作用，有利于各业的调剂，获得综合经营效益。

(5) 多层次联合经营。近年来在农村发展产业化过程中，普遍采用“公司+农户”及“联合体经营”的方式，可以汇集生产要素，包括资金、技术、饲料、信息等，发挥各自优势。

二、养牛大户的生产管理

1. 养牛生产的意义

牛是具有多种用途的大家畜，它既可作为役用、肉用、乳用，为农业生产提供动力，为人民生活提供肉、奶等畜产品，又可为食品工业、制草工业、医药工业等提供肉、奶、皮、毛、内脏、骨、角等原料，还可为种植业提供大量优质有机肥料，从而促进农业生态系统良性循环。牛肉、牛奶、牛皮及其制品，均是国际国内市场上的畅销商品，也是我国出口创汇的重要物质。牛以食草为主，具有耐粗饲、抗病力强、适应性广、死亡率低等特点。在草原牧区养牛几乎不用精料，不与人争粮，是一种成本低、效益好的节粮型畜牧业生产。

改革开放以来，随着经济的发展和人民生活水平的提高，人们的膳食结构得到了改善。“肉牛热”随之升温，黄牛改肉牛广泛展开，成效卓著。通过技术推广，引进国外优良种牛，建立了肉牛供种体系和冷冻精液配种体系，使肉牛的配种改良技术广泛用于养牛业生产，工厂化肉牛生产在一些经济发达的农区得到广泛应用。

2. 牛场的生产管理

(1) 制订牛群周转计划。牛群中由于死、杀、购、销等原因，在一定时间内，牛群结构发生增减变化，牛群结构的这种增减变化称为牛群周转。牛群周转计划是牛场生产的最主要计划，它直接反映年终牛群结构状况，表明生产任务完成情况。它是编制产品计划的基础，也是制订饲料计划、建筑计划、劳力计划等的依据。依据市场销售计划、生产目标，确定牛群周转方式，实行全进全出制或流水循环制，编制进出牛的批次、数量和时间，制订书面计划和牛群周转表。

(2) 制订牛场饲草料计划。编制饲草料计划时，要根据牛群周转计划，按全年牛群的年饲养日数乘以各种饲料的日消耗定额，然后把牛群需要各种饲草料的总数相加，再增加5%～10%的损耗量，即为全年饲草料的总需要量。

(3) 制订产品生产计划。编制乳牛场产奶量计划时，必须掌握以下材料：计划年初泌乳母牛头数和去年产犊的时间；计划年母牛和后备母牛分娩的头数与时间，各个母牛泌乳曲线（以纵坐标为泌乳量，横坐标为泌乳日期，绘制成坐标图并连接起来，即为一个乳牛泌乳期的泌乳曲线）。

由于乳牛产奶量受多种因素的影响，计算产奶量时按各个母牛分别计算，然后汇总即为全部产奶量。采取分别计算时，要确定每头产奶母牛一个泌乳期的产奶量和泌乳期各不同月份的产奶量。某头母牛一个泌乳期的产奶量是根据该头母牛上一个泌乳期或以前几个泌乳期的产奶量及计划年由于饲养管理条件的变化因素综合考虑后而确定的。泌乳期各不同月份的产奶量是根据该乳牛以前的泌乳曲线，先计算出泌乳期各月产奶量的百分比，然后再乘以泌乳期的产奶量后得到的。第一次产犊母牛的产奶量可根据它们母系的产奶量记录及其父系的特征等进行估算。

（4）制订技术实施方案。技术是影响规模化养殖场生产好坏的关键，技术水平直接影响牛场的经济效益。因此必须重视新技术的引进、吸收、消化和对职工的技术培训，定期进行技术经济效果的分析，确保牛场用最新技术指导生产、促进生产。同时要研究市场需求、竞争对手、市场价格和发展趋势，分析运筹牛群的动态平衡，加速周转，利用市场经济规律搞好产销，提高经济效益。

技术方案应包括：职工技术培训计划、各牛舍技术实施要点、技术员工作要点、新技术应用效益检查总结、卫生防疫制度落实措施等。

三、养羊大户的生产管理

1. 养羊业生产的特点

羊是典型的草食家畜，可以提供多种畜产品，是人们衣着、食用物质的重要来源。羊所提供的肉、奶、油和毛、绒、皮等产品越来越成为食品工业和轻纺、皮革工业的重要原料来源。羊属于反刍动物，适应性很强，饲草料利用范围非常广泛，在我国各地都有饲养。

2. 羊场的分群管理与羊群结构

规模较大的羊场，羊群按性别、年龄、用途进行分群，一是便于根据不同羊群的特点进行饲养管理，二是便于掌握羊群中各种羊的变动，以利于科学合理地进行畜群再生产。一般羊群可分为羔羊、后备母羊、成年母羊、后备公羊、种公羊、淘汰育肥羊和去势羯羊等羊群。实行分群饲养，无论从技术上看还是从经济上看都是必要的。羊群的大小受多种因素影响，其中有羊的品种、年龄、养羊的生产方向以及草原的地形地势、特点、劳动力的多少，经营管理水平的高低等。例如种羊群一般小于生产群，生产性能高的羊群一般小于生产性能低的羊群；草原地形复杂、植被不良，难于放牧管理的羊群也要小些。羊的分群一般在秋季配种前结合整群进行，整群时将准备淘汰的分出来，然后将该转入各不同羊群的羊只分别转入相应的羊群。

羔羊是指出生后未断奶的小羊，其繁殖成活数的多少与维持羊群再生产有密切关系，因为它是补充各种用途的羊的来源。羔羊的数量多少又与适龄母羊数的多少及繁殖成活率高低有密切关系。羔羊断奶后首先选留足够后备公羊和后备母羊，其余作为去势羯羊。后备母羊是用于补充更新成年母羊的，经选种后不符合要求的则去势用于剪毛或育肥，符合要求的交配受孕后即成为成年母羊。成年母羊一般使用 6 年左右，当牙齿脱落或有不易医治的疾病，即可提前淘汰。后备公羊是专门用于补充更新种公羊的，经选种后不符合要求的也要去势用于剪毛或育肥，符合要求的一般在 12~18 月龄成熟后开始使用，一般约使用 5 年，年老后育肥淘汰。

羊群结构是指不同年龄、性别和用途的羊在整个羊群中所占的比重。羊群结构决定于养羊业的生产方向。毛用养羊业主要是为了生产更多的羊毛，一般饲养较多的去势羊，去势羊所占的比例往往较高，而母羊由于产毛量较低，其比例就低些；肉用或肉脂用养羊业，幼羊或去势羊往往育肥至1岁左右就屠宰出售，母羊在羊群中的比例就较高，尤其是采用当年羔羊育肥屠宰出售的季节性生产方式，其适龄母羊比例要求更高，一般应在70%以上；生产羔皮的养羊业，由于羔羊出生两三天或者是1个月左右就屠宰取皮，同时很少饲养去势羊，因此，母羊在羊群中的比例也高；种羊场为了获得大量高质量的幼羊供种用或出售，母羊在羊群中的比例也较高；种公羊在羊群中所占比例与所采取的交配分娩方式有密切关系，采用自然交配方法时，一只种公羊在一个交配季节（40天左右）可交配50只左右的母羊，采用人工授精方式，一只种公羊的精液可配200~1 000只母羊。除种公羊外，一般养羊场还配备一定数量的试情公羊。应该指出的是，羊群结构的合理程度只是相对的，没有一个绝对统一的结构模式，在不同地区，不同的生产和管理条件及不同的饲养品种和不同的生产方向下，羊群结构也会不一样。

3. *羊群交配分娩计划和周转计划的编制*

一般养羊场必须贯彻自繁自养方针，严格控制屠宰优良适龄母羊并严格编制交配分娩计划，力争做到适龄母羊的全配、全怀、全生及所生羔羊的全活、全壮，以扩大后备羊来源。我国养羊业大多集中在草原牧区，草原牧区养羊主要采取放牧饲养和季节性交配分娩方式。分娩季节有冬、春两季，冬季分娩一般在11—12月，春季分娩一般在3—4月。

编制羊群交配分娩计划和周转计划时，必须掌握以下材料：计划年初全场羊群中各类羊的实有只数；去年交配今年分娩的母羊数；计划年生产任务的有关指标；计划确定的母羊受胎率、产羔率和繁殖成活率。

四、养鸡大户的生产管理

1. 我国养鸡业生产的特点

鸡属杂食性禽类，饲料的利用范围较广，鸡的个体小、生长快、成熟早、繁殖力强；鸡的饲养既可进行小群散养，又能大规模工厂化饲养，和其他家畜相比，鸡的饲料转化率高，据报道，国外先进的养鸡业肉料比已达 1∶(1.8~2)，蛋料比 1∶2.2 左右；养鸡的生产周期短，资金周转快，经济效益高。因此，养鸡在我国广大农村、城市极为普遍，农村几乎是家家户户都养，大中城市和郊区机械化、半机械化大规模养鸡场和城郊农民的专业户养鸡也很普遍。

2. 养鸡场生产管理

(1) 编制生产计划。养鸡场，尤其是那些现代化养鸡场，属于资金、技术都较为密集的集约化经营企业，其生产经营的内容也较为复杂。因此，对其生产经营的供、产、销各个环节都必须制订周密而可靠的计划，才能保证生产经营的正常进行。一般来说，规模较大的养鸡场在年度生产经营过程中应制订和执行以下计划。

① 雏鸡孵化计划。编制孵化计划的目的，在于保证后备鸡、饲养肉仔鸡和出售雏鸡的需要。种鸡场和自繁自养的鸡场都必须有孵化计划。孵化计划的主要内容包括孵化时期、种蛋来源和孵出雏鸡数。

② 鸡群周转计划。鸡群构成，在自繁自养综合经营的养鸡场中一般分为：种公鸡、种母鸡、产蛋母鸡、育成鸡、肉用鸡、雏鸡、成年淘汰鸡。

③ 产品生产计划。养鸡场的产肉计划比较简单，根据周转计划中所能提供肉用鸡数和成年淘汰鸡数，按一定的宰杀重量计算即可。产蛋计划可根据各月平均饲养的产蛋母鸡数和一定的产

蛋率计算出各月的产蛋总数。如养鸡场饲养几个不同品种的蛋鸡，则可按不同品种分别制订各月的产蛋计划，然后汇总为全部的产蛋计划。

饲养日产蛋数取决于品种、年龄、季节和饲养条件等因素。在制订产蛋量计划时，饲养日产蛋率参照过去条件基本相似的历年记录和计划年生产条件的改善情况来确定。

（2）制定饲养管理操作技术规程。根据现行良种鸡饲养的供种厂家提供的技术资料，结合本场的生产条件制定育雏鸡、育成鸡、产蛋鸡饲养管理操作技术规程，便于在生产中对照执行。

（3）生产设备管理。现代化养鸡场具有一定的生产设备，包括大型孵化机、备用发电机、鸡笼、通风换气扇、饲料加工机械、自动喂料系统、清粪机械等设备，要做到有专人管理，经常维护保养，保证生产过程的顺利进行。

（4）养鸡场的安全生产及兽医卫生防疫制度的贯彻落实。养鸡场安全生产的第一位是落实兽医卫生防疫，保证家禽的健康才能完成生产指标。一般各养鸡场都有一套完整的卫生防疫制度，如何贯彻落实，是关系养鸡场生存的头等大事，管理人员要有高度的责任感，树立“预防为主，防重于治”的思想。

（5）生产统计分析。养鸡场年度计划的完成，在于科学地、严密地组织年内的生产过程和各项作业，经常核算收支情况。为此，必须做好各项生产记录和月统计报表，主要有育雏记录、产蛋鸡记录、饲料消耗记录、鸡群收支月报表等。养鸡场在年度生产中要对每一品种的鸡制定出成活率、产蛋率、活重和饲料消耗等多项指标，用生产记录和所定指标作比较，检查其是否达到并分析查明原因，及时发现问题，迅速采取对策。如决定鸡群选留、淘汰和更换、扩大或缩小，还是保持现有生产规模，及时改进有关技术，改善操作管理，以便降低成本，减少损失，增加鸡场的经济收益。

3. 提高养鸡场经济效益的主要途径

(1) 建立健全各种生产责任制，做好养鸡场的劳动管理。劳动支出是养鸡场生产费用中占比较大的一部分，要培养一支特别能吃苦和工作责任心强的职工队伍，改善生产条件，不断提高劳动生产力水平，增加从业人员的收入。

(2) 努力降低饲料消耗，不断提高饲料报酬。在一般养鸡场，饲料费用占成本的60%~70%。因此，养鸡场能否降低饲料消耗，不断提高饲料报酬成为其能否盈利的关键。养鸡场不仅要解决饲料来源和保证不断供应问题，还必须重视饲料费用的节约。有条件时最好自己加工生产配合饲料，根据当地原料价格的变化，不断调整饲料配方，以降低饲料成本。在节约饲料方面应尽量减少饲养环节的浪费，选择和培育生长快、饲料报酬高的优良鸡种。

(3) 加强卫生防疫，尽量减少死亡。任何一个养鸡场，鸡的死亡率高低是经营成败的关键。在生产的各个环节上采取切实有效的具体措施，严格防止各种传染病的发生，尽量减少鸡常见病的发病率，降低死亡就是增加效益。

(4) 采用新技术，提高生产水平。我国工厂化养鸡起步晚，但发展速度快，总产量增长迅速。由于技术水平和健康不良等综合因素，每只鸡单产、饲料消耗、死淘率等主要生产水平都较低，一些指标与国际水平差距较大，具有很大的生产潜力，目前提高生产性能仍要从常规实用技术和管理上下功夫。

(5) 实行一体化经营。现代化养鸡生产分为如下几个环节：种鸡、孵化、饲料生产、商品肉鸡生产、商品蛋鸡生产、肉鸡屠宰加工和深加工、蛋粉加工、产品销售，一个大的养鸡场这几个环节都在场长领导之下，执行统一计划、统一核算，称作一体化经营。大而全是现代化养鸡生产一体化经营发展的必然趋势，小而全在我国现阶段生产也很重要，可以协调各生产环节的利益分配，保证主产品的质量稳定，占领一定的市场。

（6）强化经营管理。养鸡场的管理问题遍及整个供应、生产、销售的全过程，在每一个生产环节都必须注重管理，健全各种定额、各种责任制和各种规章制度，使养鸡场的管理规范化、制度化与科学化，这是保证养鸡场提高经济效益必不可少的措施。

五、渔业大户的生产管理

1. 渔业生产的特点

渔业的生产经营同种植业、畜牧业相比，有着自己的特点和要求，在渔场的经营管理中应注意体现出来。

（1）渔业生产以水域为依托。非耕地的水域是渔业生产的基本生产资料，不同的水生动植物能在不同层次的水域中生长栖息，因而水域可以立体利用。所以渔业养殖要实行分层投苗、混养、密养；海洋捕捞也要充分合理地利用各水层的渔业资源。

（2）渔业生产的流动性强。近海和江湖的许多鱼、虾、蟹有索食、生殖和越冬的洄游移动规律，因而捕捞生产要适应渔场的变化，及时移动作业场地，以提高渔获量和渔业经济效益。

（3）养鱼耗能量低，饲料转化率高。鱼类在自身的繁殖和新陈代谢过程中，消耗的能量较少，其物质和能量的转化率超过家禽、家畜。如产1kg鱼肉、鸡肉和猪肉所需要的配合饲料，分别为1.3~1.5kg、2.6~2.8kg和3kg以上。因而经营渔业能使企业获得较多的利润。

（4）大量的水产资源具有共有性。海洋及内陆较大的水域为国家所有，公海为国际公有，水产品则归各个国家和各个生产单位所有。内陆的江河湖泊及近海水域，分属不同行政单位管辖，而渔业生产却往往跨行政区域进行。这就给渔政管理带来一定的复杂性。水产资源是有限的，要求合理利用和保护，制止滥捕过捞。

2. 渔业生产的组织与管理

(1) 淡水渔业生产的组织。各地渔场一般实行水、种、饵、混、密、轮、防、管八字精养法。水、种、饵是精养的物质基础，混、密、轮是实行精养的技术措施，防和管则是获得精养效益的保证。这些环节互为条件、相互制约，要很好地组合，使之配置得当。

根据许多渔场的实践经验，就占放养比重最大的池塘养鱼来看，对渔业生产过程的组织有着严格的要求。

① 精养鱼池的要求。主要是，面积适中，一般为 0.67km 左右；水池较深，一般在 2.5m 左右；有良好的河湖水源，注水、排水方便；池形整齐（呈东西长而南北宽的长方形），堤埂较高（大水不淹）、较宽（面宽至少 2m，种植饵料作物）。如鱼池达不到上述要求，就要加以改造，以利精养高产高效。

② 鱼类合理混养的类型。在池塘中进行多种鱼类、多种规格的混养，可以全面合理经济地利用水体和饵料，发挥养殖鱼类的互利作用，既能使食用鱼高产，均衡供应市场，满足消费者的不同需要；又能取得渔场生产所需大规格鱼种，获得高产高效。高产渔场大都有 7~10 种鱼混养在同一池塘，而且每种鱼有 3 种以上的规格。但不能随意投放鱼种，不合理混养；而且要根据鱼类的生物学特征，池塘生产条件，养殖技术与管理水平，以及历史习惯等，合理确定混养类型，适当安排主养鱼类和配养鱼类。如肥料充裕，可以鲢、鳙、鲮、罗非鱼等为主养鱼；草类资源丰富，可以草鱼或草鱼和鲢鱼、草鱼及团头鲂为主养鱼；螺、贝类资源较多，可以青鱼或青鱼及鲤鱼为主养鱼；商品饵料充足，可以青鱼或草鱼及鲤鱼为主养鱼。

③ 合理放养密度的确定。合理放养密度是指在能养成商品规格食用鱼或预期大小的鱼种前提下，能够达到最高鱼产量的放

养密度。它取决于下列因素：池塘条件，达到前述精养要求的，放养密度可适当增加，否则，放养密度就要减少；混养多种鱼类的池塘，放养量可大些，单养一种鱼类或混养种类少的池塘，放养量则相对要小些，放养的鱼种个体较大，放养尾数应较少而放养重量应较大，否则反之；饵料充足，管理精细，养鱼经验丰富，技术较高，设备较好（如有增氧机和水泵等），可以增加放养量，否则相应少放养；往年的不同放养量、产量和产品规格等，也应作为重要参考依据。

④ 轮捕轮放方法。轮捕轮放是分期捕鱼和适当补放鱼种，以提高单位面积产量、产值。轮捕轮放与混养密养互为条件，其具体方法：一是捕大留小，即一次投放和饲养不同规格或相同规格的鱼种，分期捕出达到食用规格的鱼，较小的鱼则留池继续饲养，不再补放鱼种；二是捕大补小，即分批捕出食用鱼之时，补放鱼种，以养成食用鱼或大规格鱼种。在食用鱼池套养鱼种，能较好地解决食用鱼高产和大规格鱼种供应不足的矛盾。如按重量计算，年终由食用鱼池套养出的鱼种，要大于年初放养的鱼种重量。这就能使渔场做到鱼种自给，并可压缩鱼种池面积，扩大食用鱼养殖面积。

⑤ 鱼种放养的时间。长江流域一般在春节前放养完毕。华南地区更有条件提早放养。华北及东北的放养时间，一般在融冰以后，水温稳定在5~6℃时进行。在水温较低的季节放养，便于捕捞放养操作。因为这时鱼类活动力弱，不易伤亡。而且早放养可以早开食，获高产。冬季放养鱼种要选在天晴日暖时进行。

⑥ 放养鱼种的规格，一般宜大不宜小。大规格鱼种成活率高，成长快，是增产的重要条件。不同鱼类、不同地区和不同的饲养方法，对鱼种规格的要求各有区别。

（2）淡水鱼的饲养管理。在高密度混养的池塘里，要使塘鱼正常生长发育，并获得高产，必须投放人工饵料和施肥。

①投饵。投放饵料要新鲜、多样化，经常更换种类，还要尽量做到按鱼的食欲投饵。池塘养殖的一般鱼类，在水温10℃左右开始吃食，10℃以下停食。要早投食，迟停食。各渔场要广辟饵料来源，并且合理配料，定时定量投放饵料。

②施肥。施肥可以使水变肥、繁殖浮游生物等，增加鱼类不可缺少的天然饵料。鱼池主要施有机肥、混合肥，如各种粪便和草肥等。施肥要适时适量。瘦水池塘及新建池塘，应在冬末早春，水温4~5℃时施基肥，施肥量视水质的肥瘦而定。之后还要施追肥，追肥时间和数量以保持水色呈嫩绿色或棕褐色为宜。

③加强管理。一切养鱼措施都要通过有效的管理，才能发挥作用。精养鱼塘必须由渔场确定专人负责，建立岗位责任制，加强日常管理，保证鱼类安全。

第三章　家庭农场的经营与管理

第一节　家庭农场的认定与创办

一、家庭农场的认定

1. 家庭农场的认定途径

家庭农场的认定存在多种途径。实践中，有的家庭农场登记为个体工商户，有的登记为个人独资企业，有的登记为有限责任公司。为此，各地对于家庭农场是否需要工商注册看法不一，很多家庭农场主也比较迷茫。

农业农村部印发的《关于促进家庭农场发展的指导意见》中明确提出，依照自愿原则，家庭农场可自主决定办理工商注册登记，以取得相应市场主体资格。农业农村部和国家工商管理总局对此做了专题调研，并达成了共识：家庭农场是一个自然而然发育的经济组织，现实中许多存在的较大规模的经营农户其实就是家庭农场，但不一定非要到工商部门注册，注册的形式可以多样化。

从实践情况看，到工商部门登记的家庭农场在经济发达的地区比较多，这是因为他们从事农产品的附加值比较高，特别是发展外向型农业的家庭农场，出于经营方面的需要，可以提高公信力和竞争力，因而有动力去工商部门注册登记。农业农村部提出，要建立家庭农场管理服务制度，县级农业部门要建立家庭农场档案，县以上农业部门可从当地实际出发，明确家庭农场认定标准，对经营者资格、管理水平等提出相应要求。

2. 家庭农场的认定方式

家庭农场的认定主要有 3 个方面。一是家庭经营。家庭农场主要依靠家庭成员从事生产，即使有雇工也只发挥辅助作用。二是专业务农。家庭农场专门从事农业生产，主要进行种养业专业化生产，经营管理水平较高，示范带动能力较强，具有较强的商品农产品生产能力。三是规模适度。由于家庭农场有较大的种养规模，能够使经营者获得与当地城镇居民相当、比较体面的收入，但具体规模各地并没有统一的标准。

以粮食生产型家庭农场为例，各地标准并不一致。例如，安徽省提出家庭农场连片规模应在 200 亩（1 亩 ≈ $667m^2$）以上，江苏省提出的是 100~300 亩，上海市则提出以 100~150 亩为宜。面积小了自然不能实现规模效益，但家庭农场并非越大越好。连年的水稻增产，让安徽省天长家庭农场主赵自昆尝到了增收的甜头，280 亩地一年纯收入超过 15 万元，但他并不想就此扩大规模，主要原因是“面积大了，人力管不过来，成本收入核算也不划算”。

从调查的情况看，以家庭为单位，以粮食生产为例，一年两熟地区户均耕种 50~60 亩，一年一熟地区 100~120 亩，各种资源配置效率最高。

专家认为，把握家庭经营的规模，可以从 3 个方面衡量：一是与家庭成员的劳动生产能力和经营管理能力相适应；二是能实现较高的土地产出率、劳动生产率和资源利用率；三是能确保经营者获得与当地城镇居民相当的收入水平。具体来说，可以从五个方面展开，即组织主体、组织方式、经营领域、经营规模和市场参与。

（1）组织主体。家庭农场的组织主体是家庭。在农业生产决策单元中，农民家庭被认为是具有独立市场决策行为能力的最微观主体。但是，受农村劳动力流动的影响，家庭农业生产决策越来越复杂，非户主决策现象突出。因此，在家庭农场组织主体认定上，必须是以家庭户主为主，家庭主要成员参与的组织主体。

(2) 组织方式。家庭农场的组织方式非常重要，直接决定家庭农场能否做大做强，发展成为新型的、重要的农业经营主体。家庭农场组织方式应为企业化组织，其原因：一是家庭农场需要流转土地、市场融资，即参与市场资源配置、企业化组织，更方便组织资源；二是从管理上，我国在对企业的市场经营管理上已经具有成熟的做法和经验，方便对家庭农场的市场行为进行规范化管理。

(3) 经营领域。家庭农场显然必须以农业为基本经营对象，但是家庭农场有别于种养大户和小农户，其经营领域应充分体现农业的市场价值，需要通过盈利支撑农场的持续性发展。因此，家庭农场必须拓展农业除生产功能以外的其他功能，如服务功能、生态功能等，走以规模化农业生产为基础的综合化经营的新路子。这意味着家庭农场必须是具备“三生一服”（生产、生活、生态和服务）的综合经营功能。

(4) 经营规模。家庭农场经营规模指标建议为参考性指标，因为各地区的土地资源禀赋存在较大差异，如东北地区家庭拥有50亩土地是常态，而江浙地区家庭承包耕地面积往往只有几亩。因此，建议家庭农场经营规模应在当地人均耕地面积的50倍左右即可。

(5) 市场参与。家庭农场界定为企业化组织，意味着家庭农场的经营目的是追求利润最大化，追求市场利润最大化的基本要求是较高的市场参与度，因此，家庭农场的产品和服务的商品化率应达到80%。

总之，由于刚刚起步，家庭农场的培育发展还有一个循序渐进的过程。国家鼓励有条件的地方率先建立家庭农场注册登记制度，明确家庭农场认定标准、登记办法，制定专门的财政、税收、用地、金融、保险等扶持政策。因此，中国式家庭农场是一个动态的、地区的概念，其规模与分布因生产力差异也不尽相同，其规模特征很大程度上依靠专业化分工协作而形成的群体规模优势来实现，从耕种到收割、从物资采购到产品销售等主要环节有专门的服务组织来完成，而田间管理靠家庭成员，以扩大服务规模来弥补土地规模经营的不足。虽然中国式家庭农场有微型、小型、中型、大型之分，但这是经营规模与家庭特点相匹配的结果。

二、家庭农场的登记注册

1. 家庭农场的登记条件

家庭农场既能享受到国家政策，同时也可以继承和发展，而且家庭农场涉及农业规划、财产、品牌建设、农场继承等一系列问题，必须进行“登记”。只有登记为家庭农场才能获得国家认可，便于认定识别、政府管理与政策支持。除此之外，尽管有了官方的定义，但是在现实操作中却并非如此，造成“家庭农场”成为了某些主体通过政策进行套利的手段。家庭农场登记注册也是保证家庭农场稳定性、政策针对性的要求。

各地省市农业部门基本上都出台了对家庭农场登记管理工作的意见。在这些意见中，对家庭农场的登记范围、名称称谓、经营场所等方面做出了说明。不少地方规定：以家庭成员为主要经营者，通过经营自己承包或租赁他人承包的农村土地、林地、山地、水域等，从事适度规模化、集约化、商品化农业生产经营的，均可依法登记为家庭农场。这里面所指的家庭，有很多的界定，也出现了许多观点：一种是以传统的家庭为基础，即子女分家后就算一个家庭；也有人建议，以大家庭为基本单元；还有的提出，家庭成员占经营人员的比例至少80%，也可以聘请临时工或长期工；另外一部分人认为，家庭农场主不应局限于农村户口。笔者认为，在尊重农民意愿前提下，家庭的含义可以扩大到祖辈、父辈、儿孙辈甚至其他亲属。在现阶段，家庭农场业主以农村户籍为宜。城市人员、工商资本可以进入农业领域，但目前不宜纳入政策所指向的家庭农场范畴。

国家规定，乡（镇）政府负责对辖区内成立专业农场的申报材料进行初审，初审合格后报县（市）农经部门复审。经复审通过的，报县（市）农业行政管理部门批准后，由县（市）农经部门认定其专业农场资格，作出批复，并推荐到县（市）工商行政管理部门注册登记。

2. 家庭农场登记所需材料

① 专业农场申报人身份证明原件及复印件。

② 专业农场认定申请及审批意见表。

③ 土地承包合同或经鉴证后土地流转合同及公示材料（土地承包流转等情况）。

④ 专业农场成员出资清单。

⑤ 专业农场发展规划或章程。

⑥ 其他需要出具的证明材料。

一般有以下材料：第一，土地流转以双方自愿为原则，并依法签订土地流转合同；第二，土地经营规模，比如水田、蔬菜和经济作物经营面积30hm^{2}以上，其他大田作物经营面积50hm^{2}以上，土地经营相对集中连片；第三，土地流转时间，10年以上（包括10年）；第四，投入规模，投资总额（土地流转费、农机具投入等）要达到50万元以上；第五，有符合创办专业农场发展的规划或章程。

3. 家庭农场的注册类型

申请人根据生产规模和经营需要可以选择登记为个体工商户、独资企业、合伙企业和有限公司。登记类型根据家庭成员共同要求确定，但组织形式应为家庭成员经营。

① 申请登记为个体工商户类型的家庭农场，依据《个体工商户条例》及相关规定办理登记。

② 申请登记为个人独资企业类型的家庭农场，依据《中华人民共和国个人独资企业法》及相关规定办理登记。

③ 申请登记为合伙企业类型的家庭农场，合伙人是同一家庭成员，依据《中华人民共和国合伙企业法》及相关规定办理登记。

④ 申请登记为公司类型的家庭农场，公司股东是同一家庭成员，依据《中华人民共和国公司法》（以下简称《公司法》）及相关规定办理登记。

4. 家庭农场的注册登记名称

申请人可根据自身条件和发展需要，自主申请登记为个体工商户、公司、个人独资企业或者合伙企业。

针对部分地方曾出现的家庭农场登记注册名称混乱现象，申请注册登记的家庭农场名称必须有统一规范。例如，申请登记为个体工商户类型的家庭农场，依据《个体工商户条例》及相关规定办理登记，个体工商户家庭农场名称统一规范为“行政区划+字号+家庭农场”；申请登记为有限责任公司类型的家庭农场，依据《公司法》及相关规定办理登记，公司制家庭农场名称统一规范为“行政区划+字号+家庭农场+有限（责任）公司组织形式”或“行政区划+字号+行业+家庭农场+有限（责任）公司组织形式”；也可以申请登记为个人独资企业或者合伙企业。

申请注册登记的家庭农场名称必须有统一规范。家庭农场与一些养殖、种植大户不同，家庭农场有营业执照，可通过开展经营活动，提高自身知名度，随后通过申请注册商标的方式，形成自有品牌。家庭农场在申请注册商标后，其品牌效应会随着品牌知名度提升而不断增强。

我国幅员辽阔，地貌、气候、土壤类型及其组合方式复杂多样，农产品品种丰富，许多产品品质独特，具有丰富的地理标识资源和建立农产品品牌的天然条件。家庭农场的名号可以采取当地有名的山川河流、家庭农场的经营者、特色种植养殖加工等方法命名。

三、家庭农场的项目选择

家庭农场应根据自身条件、定位，宜选择国家政策扶持的项目。

(一) 项目选择依据

(1) 市场需要。在农业生产经营和技术推广过程中，有时生产经营能力不能适应发展的需要，其生产的农产品并非市场所急需、或某类农产品有供过于求、或农产品附加值太低的问题，因此需要充分考察国内外市场的需求状况，确定目标市场，并对目标市场进行细分，进而实施不同的农业项目，达到增产增收或其他推广目标。

(2) 社会发展的需要。从广义上讲，社会发展就是社会进步。从狭义上讲，社会发展是从传统社会向现代社会的变迁过程。单纯的经济增长不等于社会发展，它包括经济发展、社会结构、人口、生活、社会秩序、环境保护、社会参与等若干方面的协调发展。最主要的是人的发展，现代科技的普及等。

因此，在农业生产经营和技术推广活动中必须有计划、分步骤地开展各种各样的项目实施工作，即以不同的域目有计划、有目的地提高生产经营能力，对新成果进行传播和应用，实现提高农业生产水平。

（二）农业生产项目

1. 现代农业生产发展资金项目

现代农业生产发展资金主要用于支持各地稳定发展粮油战略产业，加快发展蔬菜等十大农业主导产业，促进粮食等主要农产品有效供给和农民持续增收。现代农业生产发展资金的支持对象为：农民专业合作社、家庭农场、专业种养大户，与农民建立紧密利益联结机制，直接带动农民增收的农业龙头企业等现代农业生产经营主体，开展农业科技推广应用的机构以及粮食生产功能区建设主体。优先支持对推进村级集体经济发展壮大有较大作用的主体。现代农业生产发展资金主要支持以下关键环节。

（1）基础设施建设。项目区土地平整、土壤改良，主干道、作业道、蓄水灌溉、田间水利，滴喷灌设施、大棚温室、育苗设施，高标准鱼塘改造、浅海养殖设施、新型网箱、水处理设施，标准化养殖畜禽舍，养殖专用生产设施及防疫设施，“两区”生产配套服务设施等基础设施建设。

（2）设备购置。农（林、渔）业机械，质量安全检测检验仪器设备，农产品产地加工、储藏、保鲜、冷藏等设备购置。

（3）技术推广。良种引进推广、繁育，品种优化改良，先进实用技术和生态循环农业发展模式推广应用与技术培训和示范。

现代农业生产发展资金在加大对种子种苗、科技推广、机械化、产业化与合作经营机制培育、基础设施建设等扶持力度的同时，根据不同产业，重点支持以下具体内容。

（1）粮油产业（主要包括水稻、小麦、玉米、油菜、木本油料等产业）。重点支持基础设施、土壤改良和“三新”技术推广示范、粮食生产高产创建等。

（2）蔬菜产业。重点支持“微蓄微灌”和大棚设施建设等。

（3）茶叶产业。重点支持标准茶园建设和初制茶厂优化改造等。

（4）果品产业（主要包括柑橘、杨梅、梨、桃、葡萄、枇杷、李子、蓝莓等产业）。重点支持精品果品基地建设和产后处理等。

（5）畜牧产业（主要包括猪、牛、羊、禽类等产业）。重点支持标准化生态循环养殖小区建设和良种引进等。

（6）水产养殖产业（主要包括鱼类、虾蟹类、龟鳖类、珍珠、海水贝藻类等产业）。重点支持高标准鱼塘、新型网箱、节能温室、浅海养殖等基础设施建设和设备购置，以及稻田养鱼、水产健康养殖示范基地、水产品新品种新技术推广等。

（7）竹木产业。重点支持林区道路等基础设施建设和竹木高效集约经营利用项目等。

（8）花卉苗木产业。重点支持大棚等设施设备和产品推广等。

（9）蚕桑产业。重点支持蚕桑优化改造和种养加工设施等。

（10）食用菌产业。重点支持集约化生产基地和循环生产模式等。

（11）中药材产业。重点支持药材规范化基地建设和产地加工等。

2. 财政农业专项资金项目

财政农业专项资金项目是为进一步推进粮食生产功能区、现代农业园区和基层农业公共服务中心建设，保障农业现代化行动计划顺利实施而设立的，通过强化资金集聚和项目带动，推动农业生产规模化、产品标准化、经济生态化。支持对象为规范化农民专业合作社、家庭农场、专业大户、国有农场、村经济合作社、与农民建立紧密利益联结机制的农业龙头企业等生产经营主体，以及开展农技推广应用的推广机构。

(三) 农业科技推广项目

1. 星火计划

星火计划是依靠科技进步、振兴农村经济，普及科学技术、带动农民致富的指导性科技计划，是国民经济和社会发展计划及科技发展计划的一个重要组成部分。

星火计划的宗旨：坚持面向农业、农村和农民；坚持依靠技术创新和体制创新，促进农业和农村经济结构的战略性调整和农民增收致富；推动农业产业化、农村城镇化和农民知识化，加速农村小康建设和农业现代化进程。

星火计划的主要任务：以推动农村产业结构调整、增加农民收入，全面促进农村经济持续健康发展为目标，加强农村先进适用技术的推广，加速科技成果转化，大力普及科学知识，营造有利于农村科技发展的良好环境。围绕农副产品加工、农村资源综合利用和农村特色产业等领域，集成配套并推广一批先进适用技术，大幅度提高农村生产力水平。

2. 农业科技成果转化资金项目

农业科技成果转化资金项目是指由科技部门和财政部门共同实施、农业部门负责监理的项目，支持对象主要为农业科技型企业。转化资金根据农业科技成果转化地域性强、周期长、风险大的特点，支持有望达到批量生产和应用前景的农业新品种、新技术和新产品的区域试验与示范、中间试验或生产性试验，为农业生产大面积应用和工业化生产提供成熟配套的技术。支持重点：动植物新品种（或品系）及良种选育、繁育技术成果转化；农副产品储藏加工及增值技术成果转化；集约化、规模化种养殖技术成果转化；农业环境保护、防沙治沙、水土保持技术成果转化；农业资源高效利用技术成果转化；现代农业装备与技术成果转化。

3. 科技发展计划

科技发展计划是政府直接参与，实现科技和经济发展目标的有力手段；是政府通过资金运用和政策调控，开发先进适用的农业科学技术，并把这些技术引向农村，引导亿万农民依靠科技发展农村经济，促进农村劳动者整体素质的提高，推动农业和农村经济持续、快速、健康发展。

第二节 家庭农场的发展规划

发展规划是指进行比较全面的长远的发展计划，是对未来整体性、长期性、基本性问题的思考和设计未来整体行动方案。规划有其相应的原则要遵循，同时也要按一定的方法、步骤、基本内容和要求进行。

一、家庭农场发展规划的原则

1. 因地制宜原则

一是充分利用现有房屋、道路和水渠等基础设施。根据农场地形地貌和原有道路水系实际情况，本着因地制宜、节省投资的原则，以现有的场内道路、生产布局和水利设施为规划基础，根据家庭农场体系构架、现代农业生产经营的客观需求，科学规划农场路网、水利和绿化系统，并进行合理的项目与功能分区。各项目与功能分区之间既相对独立，又互有联系。农场一般可以划分为生产区、示范区、管理服务区、休闲配套区。二是充分利用现有的自然景观，尽量不破坏家庭农场区域内及周围已有的自然园景，如农田、山丘、河流、湖泊、植被、林木等原有现状，谨慎地选择和设计，充分保留自然风景。

2. 提高农业效益原则

家庭农场是在加快城市化进程、转变社会经济发展思路、推动农业转型升级背景下的农业发展新模式，是实施土地由低效种植向高度集成和综合利用，以适应城市发展、市场需求、多元投资并追求效益最大化的有效途径。因此，规划布局应充分考虑家庭农场的经营效益，实现农场开发的产业化、生态化和高效化，达到显著提高农业生产效益、增加经营者收入的目的。

3. 优化资源配置原则

优化配置道路交通、水利设施、生产设施、环境绿化及建筑造型、服务设施等硬件；科学合理利用优良品种、高新技术，构建合理的时空利用模式，充分发挥农业生产潜力；合理布局与分区，便于机械化作业，并配备适当的农业机械设备与人员，充分发挥农机的功能与作业效率。此外，为方便建设，节省投资，建筑物和设施应尽量相对集中和靠近分布，以便在交通组织、水电配套和管线安排等方面统筹兼顾。

4. 挖掘优势资源原则

认真分析家庭农场的区位优势、交通优势、资源优势、特色产品优势，以及农场所在地光、温、水、土等方面的农业资源状况，并以此为基础，合理安排家庭农场的农作物种植、畜禽养殖的特色品种、规模以及种养搭配模式，以充分利用农业资源和挖掘优势资源；在景观规划上，充分利用无机的、有机的、文化的各种视觉事物，布局合理、分布适宜、均衡和谐，尤其在展示现代化设施农业景观方面以达到最佳效果，充分挖掘农场现有自然景观资源。

5. 可持续发展原则

以可持续发展理论为指导，通过协调的方式将对环境的影响减少到最小，本着尊重自然的科学态度，利用当地资源，采取多目标、多途径解决环境问题，最终目标是建立一个具有永续发展、良性循环、较高品质的农业环境。要实现这一规划目标，必须以可持续性原则为基础，适度、合理、科学地开发农业资源，合理地划分功能区，协调人与自然多方面的关系，保护区域的生命力和多样性，走可持续发展之路。

二、家庭农场发展规划的方法

进入农场规划的前提是农场投资者或经营者做好了相关准备工作，比如在农场选址、规模、发展定位、发展方向，以及初步投资意愿等方面做了较充分的考虑。在此基础上，选择规划单位进行规划设计。规划单位的选择应充分考虑单位水平、规划人员的文化背景和规划经验。在双方达成正式协议后，开始进入实质性规划阶段。

（一）调查研究阶段

1. 规划（设计）方进行考察

了解农场用地的自然环境状况、区位特点、特色资源、规划范围、收集与农场有关的自然、历史和农业背景资料，对整个农场内外部环境状况进行综合分析。

（1）基础条件。对家庭农场规划场地的作物种植状况、土地流转情况、区域界线、各类型土地面积、地形状况和场地所在地区的气候和土肥情况、水资源的分布与储量状况进行调查，确定该地区所适合种植的农业作物种类，并根据场地地形地势的差异合理布置作物的种植区域。了解地区的基础设施状况，包括农场所在地交通状况、水利设施、水电气情况等方面。同时，还可以了解地区的环境质量状况，水体、土地的污染程度等，为今后的改善和治理工作打下基础。

（2）社会经济发展状况。家庭农场的发展是以地区的经济发展水平为基础的，一方面家庭农场的开发需要地方经济的支持，另一方面当地经济的发展能带动家庭农场各产业的发展。因此，在规划初期一定要结合地区的经济发展状况确定家庭农场的类型和规模，这样不仅能节约投资，还能避免资源的浪费和对环境的破坏。

2. 市场调研

明确市场供求现状和发展前景，是选择项目方向的重要前提。首先要明确调研目标，制订调研方案，然后组织调查，收集基础资料，通过实地调查和分析研究，提出调研报告。

(1) 市场供求状况。农产品规模化生产后，还应投入市场中，确定农产品的市场经济价值，只有生产具有市场经济价值的农产品，才能产生更好的经济效益。因此，在规划前期应对当前农产品市场的发展趋势进行预测，确定具有投资潜力的农产品种类，这将有助于家庭农场生产规划的顺利进行。市场的选择大多是对应本地区或是本地区周边省（市），但对于本身基础较好，经济实力较雄厚的家庭农场也可以面向全国，甚至国外市场。

(2) 投资经济效益分析。根据市场调查数据的统计分析，结合农场的建设背景和市场容量，确定家庭农场的开发规模和建设项目，从而预测出家庭农场建设的投资成本和收益利润，为农场的顺利建设提供保障。

3. 提出规划纲要

规划纲要包括主题定位、区位分析、功能表达、项目类型、时间期限、建设阶段、资金预算及投入产出期望等。

(二) 资料分析研究阶段

(1) 分析讨论后定下规划的框架并撰写可行性论证报告，即纲要完善阶段。一般包括农场名称、规划地域范围、规划背景、场内布局与功能分区、时间期限、建设阶段、投资估算与效益分析等内容。

(2) 农场经营者和规划（设计）方签订正式合同或协议，明确规划内容、工作程序、完成时间、成果等事宜。

(3) 规划（设计）方再次考察所要规划的项目区，并初步勾画出整个农场的用地规划布置，保证功能合理。

(三) 方案编制阶段

(1) 初步方案。规划（设计）方完成方案图件初稿和方案文字稿，形成初步方案。方案包括规划设计说明书、平面规划图及各功能区规划图等。

(2) 论证。农场经营者和规划（设计）方双方及受邀的其他专家进行讨论、论证。

(3) 修订。规划（设计）方根据论证意见修改完善初稿后形成正稿。

(4) 再论证。再论证主要以农场经营者和规划（设计）两方为主，并邀请行政主管部门或专家参加。

(5) 方案审批。上级主管及相应管理部门审查后提出审批意见。

(四) 形成规划文本阶段

规划文本包括规划框架、规划风格、分区布局、道路规划、水利规划、绿化规划、水电规划、通信规划和技术经济指标等文本内容和绘制相应的图纸。文本力求语言精练、表述准确、言简意赅。

(五) 施工图件阶段

施工图纸包括图纸目录、设计说明书、图纸、工程预算书等。图纸有场区总平面图，建筑单位的平、立、剖面图，结构、设备施工图等。这是设计的最后阶段，主要任务是满足施工要求，同时做到图纸齐全、准确无误。

三、家庭农场发展规划的内容

(一) 区位与选址

1. 家庭农场的区位选择

家庭农场的区位选址需从气候、光照、温度、土壤、水源等与农业生产直接相关的因子及农业科技、配套设施等多个方面考虑。影响家庭农场规划选址的因素很多，其主要的影响因素体现在以下 4 个方面，即基础条件、经济基础、科技水平和人文资源。

(1) 基础条件。是指家庭农场选址地的实际情况，主要包括自然环境条件、用地条件和基础设施条件。基础条件对农场选址有直接的影响，关系到农场的产业规模、空间布局及主导产业发展方向等问题。

① 自然环境条件。家庭农场选址的自然环境条件主要涉及气候条件、水文与水质条件、生物条件等。气候条件的影响因子主要是指对农作物的生长至关重要的光照、温度和降水量。优质丰富的水资源不但能为农场内的生产和生活提供用水，而且可以作为景观资源进行开发。生物条件主要包括场内种养现状、微生物的种类及生长状况，影响农场内功能分区与布局。良好的自然环境条件既是发展农业生产的基础，也是决定家庭农场选址的关键。

② 用地条件。用地条件影响家庭农场项目的开展和建设，因此也是选址的重要因素之一。这主要体现在地形地貌、坡度、用地类型和土地流转集中状况几个方面。常见的地形地貌从坡度分布与分级、沟谷分布数量结构等方面来考虑，主要分为高原型、平原型、盆地型、山地型、丘陵型和岛屿型，不同地形地貌特征使农场类型多样，进而影响到农场的产业类型。总体原则是因地制宜，统筹兼顾，突出特色。坡度对景观营造和建筑道路建设起着重要影响。通过租用、入股等多种形式，促进土地流转，适度集中连片，是影响农场分区布局的重要因素，是兴建农场的重要前提。

③ 基础设施条件。家庭农场选址地内及周边的水、电、能源、交通、通信等基础设施是农场规划建设中不可缺少的条件和因素。选址地基础设施条件直接关系到农场开发建设的难度和投

资的金额。便利的外部交通有助于区域外的人力资源、技术资源、信息资源、资金等向农场集聚，同时可以提高其招商引资的能力，吸引更多有实力的农业科技家庭农场来投资。便捷的内部交通则保证农场内农产品生产、加工、包装以及运输等有序进行。水电、能源设施是农场进行高科技农业生产的保证。完善的通信设备，有利于保证市场信息、科技信息等的收集、分析和发布。

（2）经济基础。是指农场规划选址地经济发展状况，涉及经济发展水平、农业发展水平、居民生活水平、资金、市场等许多方面。当地经济环境条件对农场的建设与发展影响很大。对于经济较发达的地区，经济活跃有利于农场集聚资金，产业发达有利于农场生产布局，促进规模化生产和高科技的投入，发展潜力大；反之，潜力小，制约农场及当地产业发展。衡量某地经济水平的两个重要指标是当地的市场消费能力和投资能力。

① 市场消费能力。保障农场未来的农产品能够销售出去是家庭农场立项的必要条件之一，必须予以充分重视。农场所在区域的市场消费能力在很大程度上影响着农场的发展规模和农产品的销售前景，当然也影响着农场经济效益。因此，在农场规划前期，加强市场消费能力的调查分析，是避免造成农产品区域过剩的有效办法。

② 投资能力。家庭农场项目资金的来源主要有3种途径：一是申请国家财政资金，主要用于农场基础设施建设和农场发展科技支撑等方面；二是引进家庭农场资金投资；三是当地农民入股投资。农场规划选址时需考虑上述3种方式的投资能力，或加强与银行、投资公司的合作，拓展投资渠道，探索新的投资方式。

（3）科技水平。场地所在地农业科技水平是农场选址应考虑的因素之一。农业科技包括农业生产技术装备、农业机械化程度、农业耕作技术、农业信息化水平、农业经营管理水平等方面。农业科技水平很高，有利于提高劳动生产率。先进和适用的耕作技术应用范围广，农业资源得到更好的优化配置，充分发挥农业生产的地域优势。先进的农业科技有助于促进农民改变传统的价值观念、生产方式和生活习惯，有利于农业生产经营活动，从而促进农场的健康良性发展。

(4) 人文资源。家庭农场的功能一般不再局限于传统农业单一的生产功能，科普功能、教育功能、休闲观光功能等在一定程度上也成为农场功能的重要组成部分。因此，对于家庭农场，特别是休闲观光农场选址地周围的人文资源进行合理开发，把农牧业生产、农业经营活动与农村文化生活、风俗民情、人文景观等农业生产景观、农村自然环境有机结合，建设成集生产、加工、观光游览、科普教育等多功能为一体的综合性家庭农场。

2. 地址选择应考虑的因素

(1) 选择宜做较大规模农业生产的地段，地形起伏变化不是很大的平坦地，作为家庭农场建设地址。

(2) 选择自然风景条件较好及植被丰富的风景区周围的地段，也可在旧农场、林地或苗圃的基础上加以改造，这样投资少、见效快。

(3) 选择利用原有的名胜古迹、人文景观或现代化新农村等地点建设现代休闲农场，展示农村古老的历史文化，抑或是崭新的现代社会主义新农村景观风貌。

(4) 选择场址应结合地域的经济技术水平、场址原有的利用情况，规划相应的农场。不同经济水平、不同的土地利用情况，农场类型也不同，并且要规划留出适当的发展备用地。

(二) 家庭农场布局

布局是对有关事物和事件的全面安排。空间布局从不同的角度可分为空间功能分布、空间结构设计、空间形态设计、空间要素布置、空间层次分析等；根据不同研究内容又可分为产业空间布局、绿地空间布局、居住空间布局等。农场空间布局指的是农场各功能小区的空间布置。

在农场系统规划、建设和运营中，场区空间布局是具有重要影响的基础性和关键性工作。根据农场区域自然条件、地形地貌和开发现状，以优化生产区、生活区、管理区、示范区以及休闲娱乐区等为出发点，合理配置农场内主要建筑物、道路、主要管线、绿化及美化设施。对于家庭农场而言，生产区的作物空间布局优化是主要内容。根据场地作物生产结构要求，按作物重要性、作物田块适宜性、作物适植连片性，形成符合作物结构优化目标的空间布局方案。

1. 空间布局方法

(1) 土地用途分区。根据《中华人民共和国土地管理法》和土地利用总体规划的有关技术规范要求，土地用途分区是土地利用总体规划的重要内容。依据农场发展定位、土地资源特点和社会经济发展需要的要求，按照土地用途规则的统一性划分土地空间区及土地用途区。

① 基本农田保护区：是指按照一定时期人口和社会经济发展对农产品的需求，依据土地利用总体规划确定的不得占用的耕地。基本农田是耕地的一部分，而且主要是高产优质的那一部分耕地。比如，经国务院有关主管部门或者县级以上地方人民政府批准确定的粮、棉、油生产基地内的耕地；有良好的水利与水土保持设施的耕地，正在实施改造计划以及可以改造的中、低产田；蔬菜生产基地；农业科研、教学实验田；国务院规定应当划入基本农田保护区的其他耕地。

② 可调整耕地区：是指将现状为其他农用地但土地条件可以调整为耕地用途、视作耕地进行管理的土地用途区。

③ 一般农业区：主要用于农业生产，切实保障种植业的需要以及直接为农业生产服务使用的土地用途区。

④ 林业用地区：指用于林业生产的土地的总称。包括用材林地、防护林地、薪炭林地、特用林地、经济林地、竹林地等有林地及宜林的荒山荒地、沙荒地、采伐迹地、火烧迹地等无林地、灌木林地、疏林地、未成林造林地等。

⑤ 牧业用地区：是指为畜牧业发展需要划定的土地用途区。

⑥ 建设用地区：是指为农场建筑发展需要划定的，是利用土地的承载能力或建筑空间，不以取得生物产品为主要目的的用地。

⑦ 风景旅游用地区：是指具有一定游览条件和旅游设施，除居民点以外，为居民提供旅游、食宿、休假等的风景游览用地和游览设施用地。

⑧ 人文和自然景观保护区：是指为对自然、人文景观进行特殊保护和管理划定的土地用途区。

⑨ 其他用地区：是指根据实际管治需要划定的其他土地用途区，其命名按管治目的确定，如可调整耕地区、水源保护区等。

(2) 土地开发建设分区。① 重点农用地。农业用地主要用于农业生产及直接为农业生产服务使用。鼓励农业用地区内的其他用地转为农业生产及直接为农业生产服务的用地；按规划保留现状用途的，不得擅自扩大用地面积。控制农业用地区内的农田改变用途。

② 重点建设用地。各项建设用地区内的土地要对应用于各项建设，严格执行总体规划；要节约集约利用土地，努力盘活土地存量，确需扩大的，应利用非耕地或劣质耕地。严禁擅自改变土地原有用途；严禁废弃、撂荒土地，能耕种的必须耕种。控制建设用地规模，严格按照国家规定的行业用地定额标准安排建设用地。

③ 一般建设用地、一般农用地、混合用地。除改善生态环

境、法律规定外，不能擅自改变土地利用类型。严格保护基本农田，以及其他专业化农业商品基地建设用地。禁止乱砍滥伐、倾倒废弃物等破坏生态环境和景观资源的行为。

2. 地理区划方法

地理区划是地理科学进行空间差异特征分析的最基本的方法，根据自然地理环境及其组成成分在空间分布的差异性和相似性，将一定范围的区域划分为一定等级系统的系统研究方法。区域划分的主要依据是区域内的资源、环境、发展的基本条件和潜力，现有生产力水平、面临的主要任务及发展方向等方面的一致性。

（1）生态景观。是指由地理景观（地形、地貌、水文、气候）、生物景观（植被、动物、微生物、土壤和各类生态系统的组合）、经济景观（能源、交通、基础设施、土地利用、产业过程）和人文景观（人口、体制、文化、历史等）组成的多维复合生态体。它不仅包括有形的地理和生物景观，还包括无形的个体与整体、内部与外部、过去和未来以及主观与客观间的系统耦合关系。景观的综合划分是以自然景观、经济景观和人文景观综合特征的相似性和差异性为前提而进行的，它所要揭示的是景观全部属性的相似性或差异性，而不是其中的某一方面。

（2）自然景观。根据自然景观的地域分异规律，按地域的相似性和差异性进行地域的划分与合并，即把自然特征相似的地域划分为一个区，在发生差异变化的地方确定为区界；然后，对这些自然特征相对一致的区域特征，及其发生、发展与分布规律进行研究，并按其区域之间的等级从属关系，建立一定自然区域单位的等级系统。

（3）经济景观。是指将自然环境各类景观和人文社会各类景观作为一个整体进行研究，探索文化演进中人类对于各类景观资源的消费、创造等行为模式以及由此产生的经济效应和经济活动规律，划分的理论依据是经济景观的地域分异规律。

(4) 人文景观。是社会、艺术和历史的产物，带有其形成时期的历史环境、艺术思想和审美标准的烙印，具体包括名胜古迹、文物与艺术、民间习俗和其他观光活动。以人文景观的地域分异规律为理论基础，依其社会文化地域综合体的相似性和差异性进行合并和划分，即按其相似性可以把级别较低的人文景观合并成较高级的人文景观，并依其地域联系逐级排列成一个等级序列，即为人文景观区划。

3. 空间布局模式

大规模的综合性农场，特别是科技示范农场的空间布局可以参照现代农业科技园区布局模式，主要分为矩形布局模式、圆形布局模式、圈层布局模式和园中园布局模式。科技农场的实践不仅可以是某一单一模式的运用，亦可以是多种单一模式的综合运用。比如，农场总体布局属于圆形布局模式的，对于局部卫星农场而言也可以采用圈层布局模式或园中园布局模式；对于总体上属于园中园布局模式的，在局部的小园当中也可以采用圈层布局模式。

4. 具体布局方式

家庭农场空间布局要求如下。

(1) 要符合区域农业和农村经济发展战略。目前，家庭农场的发展要充分发挥其示范辐射功能，促进周边地区农业和农村经济的发展，推动现代高效农业的发展，繁荣农村经济，带动农民增收，产生良好的经济效益、生态效益和社会效益。

(2) 要依据区域农业资源条件。农业资源条件是影响农业产业发展的首要因素，因而家庭农场规划项目时要依据场内地形地貌、土壤类型、气候条件、利用现状等方面来布局。

(3) 要依据农场的功能定位。单一功能家庭农场与多功能综合性家庭农场的空间布局模式显然是不相同的。

(4) 一般规模的家庭农场布局形式根据非农业用地，也就是核心区在整个农场所处的位置来划分，常有围合式、中心式、放射式、制高式、因地式（表3-1）。

表3-1 农场布局方式与要求

布局形式	非农业用地	农业用地
围合式	整个农场中心	分布在农场四周
中心式	靠近入口处中心	分布在农场内各区域
放射式	农场一角	其余为农业用地
制高式	农场地势较高处	在其下方
因地式	结合实际情况而定	多种方式并用

(三) 家庭农场的分区

家庭农场功能分区时，要有所偏重、有所取舍，做到因地制宜，区别对待。

1. 功能分区原则

(1) 满足农场需求。各功能分区及规划内容要满足农场的各项功能要求，分区因需要而设置。种植区根据不同土地用途，亦可划分为不同种植模块，比如旱地种植、稻田种植、林地种植；每个种植模块又可以分为不同作物种植搭配模式。

(2) 充分利用农业资源。农业资源包括现有的水利设施、道路、自然景观。自然资源包括阳光、水、土壤等条件。结合农场现有农业资源因地制宜确定农场各功能区类型，尽可能避免大规模基础设施改造而增加农场建设成本。

(3) 保持空间布局的完整。空间布局指农场各功能区域在农场内部的具体分布，应尽量保持生产区域的规模，不能太细分。同时，注意保持现有的行政界线、生产区的完整。合理的空间布局有利于农场各区域的有效衔接，提升农场生产效率。

(4) 注重以人为本。功能分区应遵循以人为本的原则，特别是休闲观光农场，依照生产者和旅游者的双重需要，通过合理布置功能，既方便农场管理与生产农事，又方便游客观光休闲、娱乐体验，实现更高的生产效率和更舒适便捷的观光游览。

2. 分区规划

(1) 功能分区要求。

① 据情设区。根据家庭农场的建设与发展定位，合理分布农场各区域。种植区、养殖区、休闲区等合理布局。种植区宜农则农，宜林则林，旱地、水田种植结构合理优化，作物搭配、茬口衔接、立体种植科学。整体空间布局可用规范式网状道路或水利形成基本分区骨架，以充分体现农业科学的本质特性和现代农业文化的理念性。

② 集中连片。主栽作物应集中连片，便于大面积规模化生产管理；示范类作物按类别分置于不同区域且集中连片，既便于生产管理，又可产生不同的季相和特色景观。

③ 生态安全。养殖区应根据养殖对象的特点，遵循循环农业的基本原则与生态学的基本原理，科学规划、合理布局，进行无害化处理，资源化利用，变废为宝。

④ 功能多样。科技展示性、观赏性、体验性和游览性强且需相应设施或基础投资较大的其他项目，应相对集中布局于主入口和核心服务区附近，既便于建设，又利于集聚人气。

⑤ 高效配置。经营管理、休闲服务配套建筑用地，集中置于主入口处，与主干道相连，便于土地的集中利用、基础设施的有效配置和建设管理的有效进行。

(2) 功能分区。典型现代综合农场一般可分为生产区、示范区、观光区、管理服务区、休闲配套区等。

① 生产区。生产区在家庭农场中占地面积较大，主要用于农作物生产，果树、蔬菜、花卉苗木园艺生产，畜牧养殖、水产养殖，森林经营，故需选择土壤、地形、气候条件较好，并且具

有灌溉、排水设施和水源的区域。区内可设生产性道路，以便生产和运输。

② 示范区。示范区是家庭农场中进行农业科技示范、生态农业示范、科普示范、新品种新技术展示、设施农业新装备展示的需要而设置的区域，可以体现农场是新技术推广示范的载体，并能向农场周边辐射，加速农业高新技术应用。

③ 观光区。观光区是家庭农场中人流集中的地方。通常是休闲农场应有的主要功能区，设有观赏型农田、观赏型作物、瓜果、珍稀动物饲养、花卉苗圃等，场内的景观建筑通常多设在此区。选址可选在地形多变、周围自然环境较好的区域，让游人身临其境，感受田园风光和自然生机所带来的身心愉悦。该区域人流集中，要合理地组织空间，并有足够的道路、广场和生活服务设施。

④ 管理服务区。家庭农场经营管理而设置的内部专用地区，特别是大型的综合性家庭农场，此区内可包括管理、经营、培训、接待、咨询、会议、车库、生活用房等，一般位于大门入口附近，与农场外主干道有车道相连，与场内其他区有车道相连，便于运输。

⑤ 休闲配套区。在家庭农场中，特别是综合性农场、休闲观光农场，为了满足游人休闲需要而设立。对于单一的生产性农场可以不专设此区。休闲配套区一般应靠近观光区，靠近出入口，并与其他区用地有分隔，保持一定的独立性。规划者应在充分理解旅游者的心理需求的基础上，通过设立采摘区、体验区、观赏区等区域，充分挖掘农场特色资源，彰显农场主题，设计融生产体验、农耕文化传承、农业知识普及、休闲娱乐于一体的特色项目，营造一个供游客享受乡村生活空间和参加体验的场所。

（四）农场产业项目规划

农场的规划设计者必须具有农业科技知识背景和跨学科、多技术的整合能力，否则其规划设计方案就难有科学性、合理性和可操作性。因此，对农场规划人员的素质提出了很高的要求。

家庭农场规划中的产业项目设计时，既要考虑满足当地开发条件，又能提升农场经济效益。比如，农作物种植、经济作物种植、花卉苗木种植、水产养殖等的场地条件和设施条件。规划时考虑农场生产技术的先进性，特别是机械化生产技术和现代设施农业生产技术的运用。

1. 规划要求

（1）因地制宜。长期的农业生产积累和不断调整优化造就了各地不同的农业特色，产业规划要根据当地的区位特征、资源条件、农业基础及社会经济等因素综合考虑，提出适合农场产业发展的规划思路。同时，不同的区域、地段、地形、水文、气候等条件差异对不同产业类型及构成要求不同，需要的技术和设施要求也不同。

（2）经济效益。农场的项目选择，关系到整个农场的技术水平和经济效益。经济效益是家庭农场生存和发展的主要目标。因此，产业规划时应从实际出发，充分考虑当地资源、市场等方面的优势，抓住当地的农业特色和优势农产品，分析产品市场上的供求关系、价格幅度、风险因子等，弄清农场产品的市场占有额以及市场扩展能力，确定农场产业发展的方向和目标。

（3）主导产业。选择具有资源、市场、技术等潜在优势和广阔发展前景的产业作为农场的主导产业，通过进一步开发和挖掘，发展成为当地农村或区域经济发展的支柱产业，带动农场及当地的农业产业发展，如水稻产区的有机稻米、四川的无花果、青海的冬虫夏草、重庆的脆藕等。

（4）先进技术。农场的项目选择必须以先进的科学技术为支撑，这样农场不仅可以作为带动区域经济的增长点，而且可以成为高新技术产业培育与成长的源头，向社会各个领域辐射，体现农场的示范作用。

2. 产业规划内容

（1）功能定位。家庭农场产业要根据农场规划的指导思想和发展目标，立足于当地社会经济的实际条件，因地制宜，突出重点，确定恰当的建设内容和技术路线，指导农场产业规划建设，使农场发挥其应有的作用和影响。

（2）主导产业。合理的主导产业可以有效带动农场产业发展的步伐，同时还可以辐射周边地区，促进农业经济的发展。因此，在规划农场主导产业时，首先，要明确当地经济发展状况和农业产业发展趋势，结合国家和当地政府的农业政策及消费市场需求，认真分析主导产业的发展前景和发展空间。其次，应该慎重选择主导产业，通过定性分析和定量分析进行综合筛选，确定符合要求的产业作为农场的主导产业进行培育。种植业、畜牧业、水产养殖业和农产品加工业以及休闲农业等领域都有可能成为家庭农场的主导产业。

（3）优势产业。优势产业立足于现实的经济效益和规模，注重目前的效益，强调资源合理配置及经济行为的运行状态。家庭农场的优势产业规划应立足于当地农业基础产业的发展现状，在确定了主导产业的基础上，选择主导产业内的优势农产品作为优势产业。比如，种植业中选择优质稻米生产，畜牧业中选择宁乡花猪、黄山鸡、临武鸭养殖等。在农场内为优势产业提供其发挥功能的空间，实现其产业价值。

（4）配套产业。配套产业是指围绕该农场主导产业，与农产品生产、经营、销售过程具有内在经济联系的相关产业。对于以农业生产为主导产业的农场来说，餐饮业、旅游业等第三产业即为该农场的配套产业。观光休闲农场则以观光、娱乐、休闲、养生、体验为主业，农业生产是配套产业。配套产业虽然不能作为农场的主业，但其为保障农场功能的顺利开展，促进农场的全面发展是不可或缺的。

（5）投资概算与资金来源。家庭农场的投资概算主要由固定资产投资和流动资产投资组成，固定资产投资主要用于农场内部兴建厂房、建筑物及购置机器设备等固定资产的费用和其他费用，如土地租赁费、勘察设计费以及平整场地费、建筑工程费、公共基础设施费和人员培训费等。流动资金主要用于购买农业生产所需的材料、燃料、动力等，以及支付工资和进行农场内经营活动过程所需的各种费用。此外还必须考虑农场建设前期的沉淀费用和未来在农场建设过程中的管理费用和不可预见费用。

农场的开发建设资金投入较大，因此应鼓励和吸引社会各方面力量参与投资，不断开辟新的资金来源渠道，形成多渠道、多层次的投资机制。资金来源主要有以下几个方面：一是国家财政资金申请，主要用于农场基础设施建设和农场发展科技支撑等方面；二是积极鼓励金融机构融资、引进家庭农场资金投资，甚至是家庭农场来投资兴办家庭农场；三是加强引导广大农户以土地、劳动力、资金等各种生产要素及以承包、入股等形式建立股份制家庭农场。

（6）效益分析与风险评估。经济效益主要是指农场建成后对农场本身及辐射区带来的直接经济利益和间接经济利益。社会效益主要表现在提供就业岗位、改善社会生活环境、提高居民综合素质、改善投资环境、增加财政税收等方面；同时通过农场的技术辐射，还可带动地区农业产业的发展及农业产业结构的全面升级。生态效益是在产业规划时运用了生态环保、循环利用的理念，将农业发展建立在“绿色生产”基础上，构建生态产业链，在提高农场生产效率的同时，维护农场的生态环境。

家庭农场的主要风险包括市场风险、技术风险、经济政策风险、工程风险、财务风险、投资估算风险、社会影响风险、环境风险等。风险评估一般采用专家调查法、层次分析法、关键事件法及蒙特卡洛模拟法等基本方法进行。主要考虑的是市场行情、时间衔接、技术安排和项目管理等各方面出现偏差时造成农场效益发生变化，威胁投资安全的问题。

(7) 组织管理与运行机制。第一，家庭农场的组织管理与运行应遵循市场化运作，最大限度调动农场从业人员的生产积极性和主动性，以农场效益为核心开展农场各项活动。第二，发展产业化经营，如“公司+农场”。第三，避免过多的行政干预，政府主要是负责协调、指导、监督农场建设，保证农场规范运营。第四，农场应建立完善的人才招聘机制、激励机制及利益共享机制，完善各种规章制度，保证农场各项活动有序进行。另外，为了加强农场的科技含量，可以与科研单位、大专院校等建立合作关系，及时了解最新的农业技术和科研成果。

(8) 保障措施。完善农场技术保障机制。依托科研院所，通过成果转让、项目咨询、技术培训等方式为农场的发展提供技术支持。

制定和完善配套政策。为建设家庭农场的投资者、创业人员、高新产业等提供优惠的政策支持。

加强农场社会化服务体系建设。加强农业信息网络建设，完善农产品供求和价格信息采集系统、农业环境和农产品质量信息系统等，为农场发展提供信息服务平台。

建立多层次、多形式、多渠道的投资机制。形成从政府财政投入为导向，信贷投入为依托，家庭农场、农民投入为主体，社会资金和外资投入为补充的多元化农业投资格局。

3. 农场产业分类

(1) 农业生产。作物种植包括大田作物种植、旱地作物种植、园艺作物种植等；林业包括苗圃、花圃、林地、森林公园等；畜牧业包括牧场、家禽养殖场等；渔业包括大型鱼类养殖场、特种鱼类养殖场等。

(2) 加工业。属于第二产业范畴，是对农业产业链的延伸。比如，米业公司进行稻米深加工、蔬菜加工家庭农场对蔬菜加工，价值提升；果品加工改善果品外观品质，或进行深加工处理，开发附加产品，促进农村剩余劳动力就业，增加农民收入。

(3) 休闲农业与乡村旅游业。休闲农场、农家乐、休闲农业园区、休闲农庄、民俗村等以当地农村生活和农业劳动场景为背景开展的集观光、休闲、学习、体验于一体的综合项目，利用农村设施与空间、农业生产场地、农业产品、农业经营活动、自然生态、农业自然环境、农村人文资源等，经过规划设计，以发挥农业与农村休闲旅游功能，增进游客对农村与农业的体验，提升旅游品质，促进乡村旅游业的发展，增加农村就业机会和农民经济收入。

(五) 景观规划

农田是景观，农场是景区，农业生产即为景观表达的过程，但对于生产性农场来说，并不是主要内容。在进行家庭农场景观规划时，有机地组配自然素材、人工素材、事件素材，有效地表达与显现家庭农场景观的形象、意境和风格。因此，家庭农场也可以是美丽优雅的风景区。

1. 规划要求

(1) 斑块构建。以生态理论为指导，建设高效人工生态系统，实行土地集约经营，保护连片基本农田、优质耕地斑块；控制建筑斑块盲目扩张，构建景观优美，人与自然和谐的宜居环境；重建植被斑块，因地制宜地增加绿色廊道和分散的自然斑块，补偿恢复景观的生态功能。

(2) 树种选择。功能区域边界、道路两旁、防护林等地绿化规划以乡土树种为主。这类植物适合当地环境条件，具有较强的适应性和抗性，而且可以体现民族特点和地方风格，且易于就近获得种苗，加快了农场绿化进程，既利于形成景观，又节约养护成本。

（3）立体结构。根据植物的生态学特性，合理配比乔、灌、草、花、菜，形成高低有致、疏密结合的植物群落关系，形成和谐、有序、稳定的植物群落景观，达到赏心悦目的效果和体现休闲功能。

2. 规划内容

（1）道路水系。道路、水渠、防护篱勾画出农场空间格局，自然引导，畅通有序，体现了景观的秩序性和通达性。而且家庭农场内一个完整的道路、水系景观的空间结构，为畜禽、农作物、昆虫等各种动植物提供良好的生存环境和迁徙廊道，是场（园区）中最具生命力与变化的景观形态，是理想的生态走廊。在一些农业历史文化展示的景观模式中，道路及水系景观保留了丰富的历史文化痕迹，这也是我们家庭农场规划的一项重要内容。

（2）设施农业工程。农业工程设施景观包括库塘、沟渠、挡土护坡、防护林、温室大棚、排灌站、喷灌滴灌等农业生产设施景观，既满足农业生产功能，又呈现出特殊的美学效果。农业设施是指各类农业建筑（畜禽舍、温室和塑料大棚等）能对环境进行调控的各种设备（采暖、光照、通风设备等）；环境自动监测和控制系统，如蔬菜育苗设施、植物工厂、沟渠、山塘水库等。

（3）农业生产。在大多数景观模式的规划中，农业生产景观是最基本和主要的内容。作物间套种搭配形成多层、立体、高效利用景观，稻田立体种养共栖模式，露地随季节变化的稻、油菜、果、菜等作物的季相色彩，温室内反季节栽培的蔬菜、瓜果和鲜活的畜禽水产等，无论在农业公园、农业庄园、风光田园、休闲农场等园（区）都是不可缺少的景观规划内容。

(4) 环境绿化。绿化环境景观规划是农场总体景观的一个有力的补充和完善。对于综合性农场，在规划时首先应考虑到不同作物生长对光照有不同的要求，不能影响作物生长，因此，在树种选择上可选用一些具有经济价值的林果、花、灌木等，也可以乡土树种为主，衬托出自然的农林感。

春、夏、秋、冬园艺园林植物与大田作物的季相变化和果树的春华秋实、农场的人景亲和、道路绿化带的赏心悦目，构建了农场景象的时空特征、景观多样性和异质性。

(六) 道路规划

1. 规划要求

(1) 因需而定。由道路功能定路宽、结构及路面材质，做到既美观又实用。

(2) 便利通畅。以科学、有效、便捷为准则，场内道路既要利于生产经营，又要便于集散人流、物流。

(3) 网状分布。道路成网规范，功能配套，合理分隔农场内各大小区域。

(4) 功能明确。道路线形要与总体规划相结合，有主有次，并具有明确导向功能。

(5) 节约用地。充分利用现有道路，并与供排水网结合，尽量节约土地。

2. 规划功能

(1) 种植区、养殖区主要是生产服务的专用道和游览观光的兼用道。

(2) 集散区内人流、车流、物流的网格状交通主、次干道。

(3) 成为各不同级别功能区的自然分界线，便于管理和经营。

(4) 休闲观光农场，还应考虑服务区、管理区内游览观光用的游览车道和交通便道。

3. 规划内容

交通道路规划包括对外交通、入内交通、内部交通、停车场地和交通附属用地等方面。

（1）对外交通。指由其他地区向农场主要入口处集中的外部交通，通常包括公路、桥梁的建造和汽车站点的设置等。对外交通对于农场的整体发展至关重要。在进入农场的道路设置有趣的引导标识吸引人的视线和激发其进入农场的强烈欲望。

对于观光休闲农场，外部引导路线的长度是极其重要的。根据游客不同出行方式的心理感受，在距离农场 5 000m 处，设置大型广告牌。通过农场的实际照片及简单文字，介绍农场性质和特色项目。在整条外部引导路线上，每隔 500m 设置一处和农场主题、景点有关的雕塑，样式、形态、大小要有节奏变化。

（2）入内交通。指农场主要入口处到农场的管理、服务或接待中心间的道路，路面要求较宽、美观、实用。

（3）内部交通。内部交通系统的规划内容主要包括以下 3 个方面。① 道路交通流线尽可能利用或选择自然现存的通道，如现有道路、河流等。② 道路宽度要根据农场的性质以及各个功能区的特点与作用来确定主干道路、主要道路和次要道路及其宽度。③ 交通方式主要有地面交通和水上交通，主要包括车行道、步行道等。

一般农场的内部交通道可根据其宽度及其在农场中的串联组织作用分为以下 3 种。① 主干道路。主干道路连接农场中主要区域及景点，构成农场道路系统的骨架。休闲农场在道路规划时还应尽量避免让游客走回头路。② 主要道路。主要道路要伸出各生产小区，路面宽度约为 3 米，便于农用机械的入区操作。③ 次要道路。人行道路为各生产小区内的行走小路。布置比较自由，形式较为多样，对于丰富农场内的景观起着很大作用。

(七) 场内水电规划

1. 规划要求

(1) 农场内外水系贯通，有水源或有进水，排水通畅。

(2) 充分利用原有的主要水系及水利工程，节省投资。

(3) 场内灌排工程要因地制宜。

(4) 分别考虑生产和生活用水。

(5) 计算用电负荷，科学架设电网，安全布置电路。

2. 规划内容

(1) 灌排水设施规划。

① 灌、排、畜兼用，包括农场内主干水系。

② 灌溉专用。场田内用于进水的硬质沟渠及喷、滴灌等用的各级专用干支管道。

③ 排水专用。场田内各级排水沟系，一般宽 1.0~1.2m，深 0.5~0.8m。

④ 种养兼用。“果—基—鱼塘”“猪—沼—果（茶、林）—渔”等生态工程区。

⑤ 造景、养殖兼用。生产区、示范区、观光区、管理服务区内新开挖的池塘。

(2) 生活用水规划（估算）。

① 农场根据最高常住人口估算，最高日需水量按 200L/（人·日）计。

② 休闲农场规划则根据最高日流动人口估算，最高日需水量按 100L/（人·日）计。

③ 规划家禽、水产类养殖及其他用水量。

(3) 生产用水规划。

①根据生产区不同作物种类、畜类、鱼类的需水特性来确定灌溉用水量。

②现有水利设施常年储水能力与供水能力。

(4) 供水方式规划。

①利用农场现有自来水供水管网增容解决。

②农场自建小型深井自来水厂以补充不足和以防不测。

③生产用水利用山塘、水库等储水设施供水。

(5) 排水规划。

①生活污水无害化处理后排入场外界河，亦可直接作为农业生产灌溉用水。

②雨水通过集水系统汇入农场内山塘、水库、河沟，蓄作灌溉用水。

(6) 供电规划。

①农场的生活、生产和经营用电通过增容解决。

②用电量估算：农场每年的常规民用电量常设人员按50千瓦·时/(人·月)计，经营用电（旅游接待）按每人次0.5千瓦·时计，农业及绿地养护每年用电量按每亩100千瓦·时计，从而估算出农场近期为5~10年、中期为10~20年、长期为20~50年的年用电量。

③电力线布局依路（沟）立杆架线而建，建议农场内特别是休闲服务区、生活区和文体教育项目区采用地下电缆。

(八) 通信电信规划

1. 电话

家庭农场按照需要可在家庭生活区配备电话；综合性生产农场可在各生产区配备电话；休闲农场可在管理经营区、休闲服务区、家庭农场区及各生活区管理站，均安装程控电话。一般每个管理区、生产经营和生活单元配置一部电话，其中部分单位可搞内部小总机。

2. 电视

规划时把所在地区的有线电视电缆敷进农场。

3. 电脑网络

农场内进行规划每个有关管理、经营和生活单元均配备电脑，并连接互联网。

（九）设施规划

1. 生产设施

农场特别是农业观光农场的生产设施主要包括种植大棚和温室建筑两种，生产设施是农场的重要组成部分，既是农民生产不可或缺的设施，又是游客观光、采摘等活动项目的主要区域。因此，在规划设计时，应结合农场的主题及性质，设置相应的形式及规模。生产设施规划要求如下。

（1）满足生产需要。生产设施规划既要满足农业生产需要，也要满足游客的游览需要，不可片面追求经济效益而忽略观赏价值。

（2）科技含量高。生产设施规划应利用高科技，结合现代技术材料，充分体现现代农业的特点和优势。

（3）因地制宜。生产设施规划应充分考虑农场环境和农业资源特点，因地制宜进行布局，避免对环境的干扰和破坏。

2. 服务设施

服务设施主要针对休闲观光农场等综合性农场，服务设施主要包括餐厅、别墅、宾馆、购物中心等，为游客的餐饮服务、住宿休息、商品购物、娱乐休闲等活动提供舒适的场所。在规划设计时，应依据农场的性质、功能、乡村资源、游客的规模与结构，以及地形、环境等自然条件，设置相应规模、形式的服务设施。服务设施规划要求如下。

（1）应据客源确定园区发展规模，避免过度建设造成浪费。

（2）应结合农场性质及主题，完善其功能，以满足游客的不同需求。

（3）必须布局合理，既要交通便捷，又要靠近景点，同时避开农业生产区，减少对农作物的干扰。

（4）在规划设计时，一定要与景观环境相融合，并且与农场整体风格相一致。

3. 小品设施

小品设施主要包括建筑小品和环境小品。在定位和造型上都有较高的要求，应该以分散、点景的方式进行建筑布局。小品设施规划主要包括以下两点原则。

（1）小品设施规划应尊重环境，结合景点布置。小品设施设置必须充分尊重地块的自然生态环境，使各类生物得以繁衍生息，从而保持并且提高观光园的环境品质。在建设时充分尊重环境容量，将对环境的影响与破坏降到最低限度。

（2）小品设施布局应因地制宜，凸显农场特色。合理布局小品设施，充分考虑地块的农业景观资源，以及周边的游憩项目内容，布置相应的小品设施。小品设施的风格及形式必须因地制宜、融入自然，同时突出农场的特色，成为农场内的微型景点。

第三节 家庭农场的财务管理

一、家庭农场的资金管理

资金是市场经济条件下家庭农场生产和流通过程中所占用的物质资料和劳动力价值形式的货币表现，资金是家庭农场获取各种生产资料，保证家庭农场持续发展不可缺少的要素。家庭农场资金是指用于家庭农场生产经营活动和其他投资活动的资产的货币表现。按照资金的价值转移方式，可分为流动资金和固定资金。

1. 家庭农场流动资金管理

流动资金是指在家庭农场生产经营过程中，垫支在劳动对象上的资金和用于支付劳动报酬及其他费用的资金。

（1）货币资金管理。货币资金是家庭农场流动资金中流动性最强的资金，包括现金、银行存款和其他货币资金。

① 现金管理。

现金是指家庭农场所拥有的硬币、纸币，即由家庭农场出纳员保管作为零星业务开支之用的库存现款。家庭农场持有现金出于三种需求，即交易性需求、预防性需求和投机性需求。

交易性需求是家庭农场为了维持日常周转及正常商业活动所需持有的现金额。家庭农场每日都在发生许多支出和收入，多数情况下，这些支出和收入在数额上不相等或者时间上不匹配，因此家庭农场需要持有一定现金来调节，以使生产经营活动能持续进行。

预防性需求是指家庭农场需要维持充足现金，以应付突发事件。这种突发事件可能是政治环境变化，也可能是家庭农场的某大客户违约导致家庭农场突发性偿付等。尽管财务主管试图利用各种手段来较准确地估算家庭农场需要的现金数，但这些突发事件会使原本很好的财务计划失去效果。因此，家庭农场为了应付突发事件，有必要准备比日常正常运转所需金额更多的现金。为应付意料不到的现金需要，家庭农场掌握的现金额取决于家庭农场愿冒缺少现金风险的程度；家庭农场预测现金收支可靠的程度；家庭农场临时融资的能力。

投机性需求是指家庭农场为了在未来某一适当的时机进行投机活动而持有的现金。这种机会大都是一闪即逝，如证券价格突然下跌，家庭农场若没有用于投机的现金，就会错过这一机会。

如果家庭农场持有的现金过多，因现金资产的收益性较低，会增加家庭农场财务风险，降低收益；如果家庭农场持有的现金过少，可能会因为缺乏必要的现金不能应付业务开支需要而影响家庭农场的支付能力和信誉形象，使家庭农场遭受信用损失。

家庭农场现金管理的目的在于既要保证家庭农场生产经营所需要现金的供应，又要尽量避免现金闲置，并合理地从暂时闲置的现金中获得更多的收益。

家庭农场要遵守国家现金管理有关规定。做好库存现金的盘点工作，建立和实施现金的内部控制制度，控制现金回收和支付，多方面做好现金的日常管理工作。

② 银行存款管理。

银行存款就是家庭农场存放在银行或其他金融机构的货币资金。家庭农场银行存款管理的目标是通过加速货款回收，严格控制支出，力求货币资金的流入与流出同步来保持银行存款的合理水平，使家庭农场既能将多余货币资金投入有较高回报的其他投资方向，又能在家庭农场急需资金时，获得足够的现金。

（2）债权资产管理。债权资产是指债权人将在未来时期向债务人收取的款项，主要包括应收账款和应收票据。

① 应收账款管理。

家庭农场应收账款管理的重点，就是根据家庭农场实际经营情况和客户信誉情况制定家庭农场合理的信用政策，这是家庭农场财务管理的一个重要组成部分，也是家庭农场为达到应收账款管理目的必须合理制定的方针策略。信用政策包括信用标准、信用期限、折扣政策和收账政策等。

信用政策制定好了以后，家庭农场要从 3 个方面强化应收账款信用政策执行力度。一是做好客户资信调查。一般来说，客户的资信程度通常取决于 5 个方面，即客户的品德、能力、资本、担保和条件，也就是通常所说的“5C”系统，这五个方面的信用资料可以通过财务报表、信用评级报告、商业交往信息取得。

对上述信息进行信用综合分析后，家庭农场就可以对客户的信用情况作出判断，并作出能否和该客户进行商品交易，做多大量，每次信用额控制在多少为宜，采用什么样的交易方式、付款期限和保障措施等方面决策。二是加强应收账款的日常管理工作。具体来讲，可以从以下几个方面做好应收账款的日常管理工作：做好基础记录，了解客户（包括子公司）付款的及时程度；检查客户是否突破信用额度；掌握客户已过信用期限的债务；分析应收账款周转率和平均收账期，看流动资金是否处于正常水平；对坏账损失的可能性预先进行估计，积极建立弥补坏账损失的准备制度；编制账龄分析表等。三是加强应收账款的事后管理。确定合理的收账程序，确定合理的讨债方法。

② 应收票据管理。

应收票据包括期票和汇票。期票是指债务人向债权人签发的，在约定日期无条件支付一定金额的债务凭证。汇票是指由债权人签发（或由付款人自己签发），由付款人按约定付款期限，向持票人或第三者无条件支付一定款项的凭证。家庭农场为了弥补无法收回应收票据而发生的坏账损失，应建立和健全坏账准备金制度。

（3）存货管理。存货是指家庭农场在正常生产经营过程中持有的、为了销售的产成品或商品，或为了出售仍然处于生产过程中的产品，或在生产过程、劳务过程中消耗的材料、物料等。家庭农场存货除上述项目外，还包括收获的农产品、幼畜、生长中的庄稼等。

家庭农场置留存货的原因：一方面是为了保证生产或销售的经营需要；另一方面是出自价格的考虑，零购物资的价格往往较高，而整批购买在价格上有优惠。但是，过多存货要占用较多资金，并且会增加包括仓储费、保险费、维护费、管理人员工资在内的各项开支。因此，进行存货管理目标就是尽力在各种成本与存货效益之间作出权衡，达到两者的最佳结合。

家庭农场提高存货管理水平的途径主要有：严格执行财务制度规定，使账、物、卡相符；采用 ABC 控制法，降低存货库存量，加速资金周转；加强存货采购管理，合理运作采购资金，控制采购成本；充分利用企业资源计划（ERP）等先进的管理模式，实现存货资金信息化管理。

2. 家庭农场固定资金管理

（1）固定资金的特点。固定资金是指家庭农场占用在主要劳动资料上的资金，其实物形态表现为固定资产，如工作机器、动力设备、传导运输设备、房屋及建筑物等。家庭农场固定资产还包括土地、堤坝、水库、晒场、养鱼池、生物性生物资产等。家庭农场把劳动资料按照使用年限和原始价值划分固定资产和低值易耗品。对于原始价值较大、使用年限较长的劳动资料，按照固定资产来进行核算；而对于原始价值较小、使用年限较短的劳动资料，按照低值易耗品来进行核算。

固定资产在较长时期内的多次生产周期中反复发挥作用，直到报废之前，仍然保持其实物形态不变。固定资产在使用过程中不可避免地会发生磨损，其价值也会随着它的损耗程度逐渐地、部分地转移并从产品实现的价值中逐渐地、部分地补偿。

固定资金在运动周转中表现出以下特点：周转期长；固定资产资金的价值补偿和实物更新分别进行；固定资金的投资是一次性的，而投资的收回分次进行。

（2）固定资产管理的基本要求。固定资产具有价值高、使用周期长、使用地点分散、管理难度大等特点，为了保证生产对固定资产数量和质量的需要，同时还要提高固定资产的利用效率，要做好以下几点：第一，家庭农场要正确核定固定资产的需用量；第二，要保证固定资产的完整无缺；第三，要不断提高固定资产的利用效率；第四，要正确计算和提取固定资产折旧；第五，要加强固定资产投资预测和决策。

二、家庭农场的融资管理

(一) 家庭农场融资的特征

作为我国新型农业经营主体，家庭农场与一般的农户相比，在融资方面有四点特征。

1. 融资额度扩大化

与普通家庭经营的农户相比，家庭农场实现规模化经营，在融资方面表现为额度扩大化以及融资期限多元化等方面。家庭农场一般由于集约化经营，需要流转一定规模的土地，因此具有较大的经营规模，需要较为先进的物质装备，承担较多的土地流转费、农机购置费等投入，金融需求的总量由过去的小额分散逐渐向集中大额度金融需求转变。

2. 金融服务多样化

作为新型农业经营主体类型的家庭农场，其经营规模、产业链长度、营销渠道与传统家庭农户具有较大的差异，因而融资需求呈现多样化的特征，引入资本、发行债券、管理咨询、现金管理等非信贷类银行服务需求明显增多。

3. 农业保险意识增强化

家庭农场相比于传统农户，投资规模更大，投资周期更长，因此，相比于传统农户，经营过程中对于农业保险、期货套期保值等抗风险型的金融需求意识强烈，对健全的农村金融风险转移和补偿机制的需求更为迫切。

4. 融资需求延伸化

随着现代农业产业化的发展，农村一、二、三产业的融合发展，家庭农场作为农业产业化的基础力量，信贷需求从传统的生产环节逐渐向全产业链延伸，逐渐涉及农产品加工、流通、销售等多个环节，对传统的金融服务提出了更高的要求。在客观上加大了对家庭农场相适应的全方位、综合性的金融服务的需求。

（二）家庭农场融资的方式

作为家庭农场主，可以通过国家财政资金、贷款和自筹三种方式进行融资。

1. 国家财政资金（政府资金投入）

近年来，我国各级政府对家庭农场进行了大量的资金投入，然而，这些资金投入相对于农场主们对资金的需求还远远不够。此外，各地区资金投入差异较大，我国财政还没有为家庭农场设立专项发展资金的现象。家庭农场建设初期，加大政府资金投入，确保财政补贴政策的有效实施能够帮助部分家庭农场摆脱融资难题。

2. 贷款（金融机构贷款）

家庭农场在创业初期，由于处于投资期而往往很难盈利，周转资金不足，很多农场主想到通过贷款的方式缓解经济压力。然而，我国普遍存在着“贷款难”的现象。由于银行业等金融机构实施较为严格的贷款抵押担保制度，农场主们通常缺乏有效的抵押手段，作为固定资产——土地又是通过土地流转而得来的，缺乏抵押品的特征。因此，这种“贷款难”的现象需要政府、金融机构和农场主们共同协调才能得以解决。贷款难题的解决将会大幅度地改善融资困境。

3. 自筹（民间资本参与）

随着家庭农场的逐步推广，资金难题完全依靠政府补助已不现实，大部分资金还是需要农场主们自我筹集。如今，国内家庭农场的基础设施投入近80%是来自农场主们的自有资金和民间借贷。多数家庭农场实行“两费自理”（“两费”指的是生产费用和生活费用），这种自给自足的经营模式给农场主们的融资施加了极大的压力。农场主的部分自有资金因用于租用土地，已不能满足基础设施的投入。又因为从金融机构难以取得贷款，农场主选择向周围的人借用资金。而这些资金只能暂缓应对初期投资问题，对于真正解决融资问题作用很小。但民间资本参与的自筹形式是成本低、速度快的一种筹资方式。

三、家庭农场成本费用管理

成本是商品价值的组成部分。人们要进行生产经营活动或达到一定的目的，就必须耗费一定的资源（人力、物力和财力），其所费资源的货币表现及其对象化称为成本。

（一）成本与费用的概念

成本与费用是两个不同的概念。成本一般指生产经营成本，是按照不同产品或提供劳务而归集的各项费用之和。我国现行财务制度规定，产品成本是指产品制造成本，是生产单位为生产产品或提供劳务而消耗的直接材料、直接工资、其他直接支出和制造费用的总和。费用常指生产经营费用，是家庭农场在一定时期内为进行生产经营活动而发生的各种消耗的货币表现。

成本与生产经营费用都反映家庭农场生产经营过程的耗费，生产费用的发生过程往往又是产品成本的形成过程。二者的区别在于耗费的衡量角度不同，成本是为了取得某种资源而付出的代价，是按特定对象所归集的费用，是对象化了的费用；费用是对某会计期间家庭农场所拥有或控制的资产耗费，是按会计期间归属，与一定会计期间相联系而与特定对象无关。另外，生产经营费用既包括直接费用、制造费用，还包括期间费用，产品成本只包括直接费用和制造费用。

（二）成本与费用的构成

1. 产品成本项目构成

（1）直接材料，是指生产商品产品和提供劳务过程中所消耗的，直接用于产品生产，构成产品实体的原料及主要材料、外购半成品及有助于产品形成的辅助材料和其他直接材料。

(2) 直接工资，是指在生产产品和提供劳务过程中，直接参加产品生产的工人工资、奖金、补贴。

(3) 其他直接支出，包括直接从事产品生产人员的职工福利费等。

(4) 制造费用，是指应由产品制造成本负担的，不能直接计入各产品成本的有关费用，主要指各生产车间管理人员的工资、奖金、津贴、补贴，职工福利费，生产车间房屋建筑物、机器设备等的折旧费，租赁费（不包括融资租赁费），修理费、机物料消耗、低值易耗品摊销、取暖费（降温费）、水电费、办公费、差旅费、运输费、保险费、设计制图费、试验检验费、劳动保护费、修理费。

2. 期间费用项目

期间费用是指家庭农场本期发生的、不能直接或间接归入营业成本，而是直接计入当期损益的各项费用，包括销售费用、管理费用和财务费用等。

(1) 销售费用。家庭农场在销售过程中所发生的费用。具体包括应由家庭农场负担的运输费、装卸费、包装费、保险费、展览费、销售佣金、委托代销手续费、广告费、租赁费和销售服务费用，专设销售机构人员工资、福利费、差旅费、办公费、折旧费、修理费、材料消耗、低值易耗品摊销及其他费用。但家庭农场内部销售部门属于行政管理部门，所发生的经费开支，不包括在销售费用之内，而应列入管理费用。

(2) 管理费用。即家庭农场管理和组织生产经营活动所发生的各项费用。管理费用包括的内容较多，具体包括公司经费，即家庭农场管理人员工资、福利费、差旅费、办公费、折旧费、修理费、物料消耗、低值易耗品摊销和其他经费；工会经费，即按职工工资总额的一定比例计提拨交给工会的经费；职工教育经费，即按职工工资总额的一定比例计提，用于职工培训学习以提高文化技术水平的费用；劳动保险费，即家庭农场支付离退休职工的退休金或按规定缴纳的离退休统筹金、价格补贴、医药费或医疗保险费、退职金、病假人员工资、职工死亡丧葬补助费及抚恤费、按规定支付离休人员的其他经费；差旅费，即家庭农场董事会或最高权力机构及其成员为执行职能而发生的差旅费、会议费等；咨询费，即家庭农场向有关咨询机构进行科学技术经营管理咨询所支付的费用；审计费，即家庭农场聘请注册会计师进行查账、验资、资产评估等发生的费用；诉讼费，即家庭农场因起诉或应诉而支付的各项费用；税金，即家庭农场按规定支付的房产税、车船使用税、土地使用税、印花税等；土地使用费，即家庭农场使用土地或海域而支付的费用；土地损失补偿费，即家庭农场在生产经营过程中因破坏土地而支付的土地损失补偿费；技术转让费，即家庭农场购买或使用专有技术而支付的技术转让费用；技术开发费，即家庭农场开发新产品、新技术所发生的新产品设计费、工艺规程制定费、设备调整费、原材料和半成品的试验费、技术图书资料费、未获得专项经费的中间试验费及其他有关费用；无形资产摊销，即场地使用权、工业产权及专有技术和其他无形资产的摊销；递延资产摊销，即开办费和其他资产的摊销；坏账损失，即家庭农场按年末应收账款损失；业务招待费，即家庭农场为业务经营的合理需要在年销售净额一定比例之内支付的费用；其他费用，即不包括在上述项目中的其他管理费用，如绿化费、排污费等。

（3）财务费用。家庭农场为进行资金筹集等理财活动而发生的各项费用。财务费用主要包括利息净支出、汇兑净损失、金融机构手续费和其他因资金而发生的费用。利息净支出包括短期借款利息、长期借款利息、应付票据利息、票据贴现利息、应付债券利息、长期应付融资租赁款利息、长期应付引进国外设备款利息等，家庭农场银行存款获得的利息收入应冲减上述利息支出；汇率损失指家庭农场在兑换外币时因市场汇价与实际兑换汇率的不同而形成的损失或收益，以脱离因汇率变动期末调整外币账户余额而形成的损失或收益，当发生收益时应冲减损失；金融机构手续费包括开出汇票的银行手续费等。

(三) 家庭农场成本费用管理

加强成本费用管理，降低生产经营耗费，有利于促使家庭农场改善生产经营管理，提高经济效益，是扩大生产经营的重要条件。

1. 成本费用管理原则

(1) 正确区分各种支出的性质，严格遵守成本费用开支范围。

(2) 正确处理生产经营消耗同生产成果的关系，实现高产、优质、低成本的最佳组合。

(3) 正确处理生产消耗同生产技术的关系，把降低成本同开展技术革新结合起来。

2. 家庭农场降低成本费用的途径与措施

(1) 节约材料消耗，降低直接材料费用。车间技术检查员要按图纸、工艺、工装要求进行操作，实行首件检查，防止成批报废。车间设备员要按工艺规程规定的要求监督设备维修和使用情况，不合要求不能开工生产。供应部门材料员要按规定的品种、规格、材质实行限额发料，监督领料、补料、退料等制度的执行。生产调度人员要控制生产批量，合理下料，合理投料。车间材料费的日常控制，一般由车间材料核算员负责，要经常收集材料，分析对比，追踪原因，会同有关部门和人员提出改进措施。

(2) 提高劳动生产率，降低直接人工费用。工资在成本中占有一定比重，增加工资又被认为是不可逆转的。工资与劳动定额、工时消耗、工时利用率、工人出勤率与技术熟练程度等因素有关，要减少单位产品中工资的比重，提高劳动生产率，保证工资与效益同步增长。

(3) 推行定额管理，降低制造费用。制造费用项目很多，发生的情况各异。有定额的按定额控制，没有定额的按各项费用预算进行控制。各个部门、车间、班组分别由有关人员负责控制和监督，并提出改进意见。

(4) 加强预算控制，降低期间费用。严格控制期间费用开支范围和开支标准，不得虚列期间费用，正确使用期间费用核算方法和结转方法。

(5) 实行全面成本管理，全面降低成本费用水平。成本费用管理是一项系统工程，需要对成本形成的全过程进行管理，从产品的设计投产到产品生产、销售，都要注意降低产品成本。成本费用控制得到高层领导的支持是非常重要的，而家庭农场的日常事务，是由广大员工来执行的，他们会直接或间接地影响成本费用水平。因此，要加强宣传，使成本费用理念深入每一个员工心里。

四、家庭农场的利润管理

(一) 利润的概念

利润是家庭农场劳动者为社会创造的剩余产品价值的表现形式。利润是家庭农场在一定时期内，从生产经营活动中取得的总收益，按权责发生制及收入、费用配比的原则，扣除各项成本费用损失和有关税金后的净额，包括营业利润、投资净收益、补贴收入和营业外收支净额等。它表明家庭农场在一定会计期间的最终经营成果。

(二) 家庭农场总利润的构成

(1) 营业利润。

利润总额=营业利润+投资净收益+补贴收入+营业外收入−营业外支出

营业利润=主营业务利润+其他业务利润-管理费用-营业费用-财务费用

主营业务利润=主营业务收入-主营业务成本-主营业务税金及附加

其他业务利润=其他业务收入-其他业务支出

（2）投资净收益。

净利润=利润总额-所得税

（3）补贴收入是指家庭农场按规定实际收到退还的增值税，或按销量或工作量等依据国家规定的补助定额计算并按期给予的定额补贴，以及属于国家财政扶持的领域而给予的其他形式的补贴。

（4）营业外收入主要包括固定资产盘盈、处置固定资产净收益、处置无形资产净收益、罚款净收入等。

（5）营业外支出主要包括处置固定资产净损失、处置无形资产净损失、债务重组损失、计提的固定资产减值准备、计提的无形资产减值准备、计提的在建工程减值准备、固定资产盘亏、非常损失、罚款支出、捐赠支出等。

（三）家庭农场利润的分配

利润分配，是将家庭农场实现的净利润，按照国家财务制度规定的分配形式和分配顺序，在国家、家庭农场和投资者之间进行的分配。利润分配的过程与结果，是关系到所有者的合法权益能否得到保护，家庭农场能否长期、稳定发展的重要问题。为此，家庭农场必须加强利润分配的管理和核算。

1. 利润分配的原则

（1）依法分配原则。家庭农场利润分配的对象是家庭农场缴纳所得税后的净利润，这些利润是家庭农场的权益，家庭农场有权自主分配。国家有关法律、法规如《中华人民共和国公司法》（以下简称《公司法》）等对家庭农场利润分配的基本原则、一般次序和重大比例也作了较为明确的规定，其目的是为了保障家庭农场利润分配的有序进行，维护家庭农场和所有者、债权人以及职工的合法权益，促使家庭农场增加积累，增强风险防范能力。利润分配在家庭农场内部属于重大事项，家庭农场在利润分配中必须切实执行法律、法规，对本家庭农场利润分配的原则、方法、决策程序等内容作出具体而又明确的规定。

(2) 资本保全原则。资本保全是责任有限的现代家庭农场制度的基础性原则之一，家庭农场在分配中不能侵蚀资本。利润的分配是对经营中资本增值额的分配，不是对资本金的返还。按照这一原则，一般情况下，家庭农场如果存在尚未弥补的亏损，应首先弥补亏损，再进行其他分配。

(3) 充分保护债权人利益原则。债权人的利益按照风险承担的顺序及其合同契约的规定，家庭农场必须在利润分配之前偿清所有债权人到期的债务，否则不能进行利润分配。同时，在利润分配之后，家庭农场还应保持一定的偿债能力，以免产生财务危机，危及家庭农场生存。

(4) 利益兼顾原则。利润分配的合理与否是利益机制最终能否持续发挥作用的关键。利润分配涉及投资者、经营者、职工等多方面的利益，家庭农场必须兼顾，并尽可能地保持稳定的利润分配。在家庭农场获得稳定增长的利润后，应增加利润分配的数额或百分比。同时在积累与消费关系的处理上，家庭农场应贯彻积累优先的原则，合理确定提取盈余公积金和分配给投资者利润的比例，使利润分配真正成为促进家庭农场发展的有效手段。

2. 利润分配的程序

利润分配程序是指公司制家庭农场根据适用法律、法规或规定，对家庭农场一定期间实现的净利润进行分派必须经过的先后步骤。

根据我国《公司法》等有关规定，家庭农场当年实现的利润总额应按国家有关税法的规定作相应的调整，然后依法缴纳所得税。缴纳所得税后的净利润按下列顺序进行分配。

(1) 弥补以前年度的亏损。按照我国财务和税务制度的规定，家庭农场的年度亏损，可以由下一年度的税前利润弥补，下一年度税前利润尚不足于弥补的，可以由以后年度的利润继续弥补，但用税前利润弥补以前年度亏损的连续期限不超过5年。5年内弥补不足的，用本年税后利润弥补。本年净利润加上年初未分配利润为家庭农场可供分配的利润，只有可供分配的利润大于零时，家庭农场才能进行后续分配。

(2) 提取法定盈余公积金。根据《公司法》的规定，法定盈余公积金的提取比例为当年税后利润（弥补亏损后）的10%。当法定盈余公积金已达到注册资本的50%时可不再提取。法定盈余公积金可用于弥补亏损、扩大公司生产经营或转增资本，但公司用盈余公积金转增资本后，法定盈余公积金的余额不得低于转增前公司注册资本的25%。

(3) 提取任意盈余公积金。根据《公司法》的规定，公司从税后利润中提取法定公积金后，经股东会或者股东大会决议，还可以从税后利润中提取任意公积金。

(4) 向投资者分配利润。根据《公司法》的规定，公司弥补亏损和提取公积金后所余税后利润，可以向股东（投资者）分配股利（利润），其中有限责任公司股东按照实缴的出资比例分取红利，全体股东约定不按照出资比例分取红利的除外；股份有限公司按照股东持有的股份比例分配，但股份有限公司章程规定不按持股比例分配的除外。

根据《公司法》的规定，在公司弥补亏损和提取法定公积金之前向股东分配利润的，股东必须将违反规定分配的利润退还公司。

第四节　家庭农场的风险管理

对于家庭农场而言，随着经营规模的扩大，风险也在相应扩大，必须有一个良好的风险控制体系，重点防控好自然风险、疫病风险、市场风险、制度风险和社会风险五大风险。

一、自然风险

农业是从自然界获取劳动成果，因此农业基本无法避免自然风险，只能通过避灾救灾减少影响。比如，播种时的干旱少雨，如果没有灌溉，则可能无法播种错过农时；再如，作物生长过程中的冰雹、旱涝、冷热灾害随时会发生。另外，成熟季节的农作物，可能因为冰雹等突然的恶性自然灾害导致产量大幅减小，甚至颗粒无收。防范自然风险，虽然国家的政策性农业保险制度还在完善，但已经提供了基本的风险保障，要注意运用好这一政策。同时，还可以考虑农业商业保险。一些农业技术措施也可起到缓解作用，比如近年苹果产区发展较快的防雹网建设，一次性投入较大，但防范冰雹的能力明显提升。

二、动植物疫病风险

口蹄疫的暴发可能导致养殖场的偶蹄动物整体死亡或者强制扑杀，对生猪、牛羊养殖威胁很大，必须采取最严格的措施防范。至于一般的动物常见疫病，往往也会造成动物死亡或者商品性丧失。再如，小麦、玉米的流行病害或容易暴发的虫灾，往往会导致产量上极大的损失，如小麦吸浆虫、玉米黏虫等，防控不及时，产量损失极大。在动植物疫病风险的防控上，主要是严格的技术管理和持之以恒的严密防控心态，一旦出现麻痹，往往付出惨痛代价。养殖企业“拼管理”，其实主要是技术管理，疫病损失越少，养殖效益才能越好。

三、市场风险

市场风险不论工业农业均要面对，但农业的市场风险更残酷，这是因为农产品的一些特殊属性决定的。由于农产品多为鲜活农产品，所以保质期十分短暂，必须在收获时节的极短时间内出售，否则可能腐烂变质。即使那些保质期长的农产品与工业品的保质期相比，也是差距甚远。于是就形成了农产品常见的难卖问题，一到集中收获季节，往往量大价跌，供大于求，不仅效益下降，而且浪费惊人。应对市场风险：一方面，要重视农产品市场分析，避免陷入“丰收陷阱”；另一方面，要加强生产的组织化程度，通过行业协会、订单农业、合作社联合等方式，稳定市场，畅通产后渠道，保障收益。

四、制度风险

制度风险是系统性的，家庭农场个体一般无法应对，常见的就是政策的变动。比如，一些地方为发展地方经济而鼓励的小型产业项目，承诺有优惠政策，也宣布有订单保障，但往往随着地方领导变迁，可能人走政息，政策难以落实，订单更无从谈起，参与项目者损失惨重。应对制度风险，需要家庭农场的负责者重视地方产业政策的研究，摆正经营思想，科学选择产业，避免因一时投机取巧而付出沉痛代价。不过，正常的国家优惠政策是应该积极争取的，这是应得的国民待遇，不应拒之不理。

五、社会风险

社会风险也叫道德风险，是由于农民对于市场经济规则的不懂不问、不遵不守而引发的，常见的是土地流转纠纷。对多数家庭农场而言，自有土地是少数，更多的土地靠流转，而经营农业的人都知道，土地经营权的长期稳定是投资农业的首要前提。在实际中，因为种种原因，农民突然违约强行收回流转土地的情形屡见不鲜，并引发严重社会事件。应对这一风险，要学会同农民打交道，多从农民的角度考虑问题，在长期的土地流转合同上要留给农民3~5年调整一次流转租金的机会，主动协调，避免被动；同时，要善于运用流出土地农民的剩余劳动力，给他们就业机会，重视社会沟通，减少抵制情绪；还要注意乡村党政力量的沟通，力求矛盾发生时的公正评判。

第四章　农民合作社的经营与管理

第一节　农民合作社的项目选择

一、农民合作社项目选择的依据

1. 选择能够利用本地资源的项目

投资有风险，必须遵循量力而行的原则。俗话说："适合的就是最好的"。依据合作社的资金、资源、能力、合作伙伴、专业技能等量力而行，不好高骛远。选择合作社项目时，应尽量利用本地资源，避免风险大的项目。

2. 选择有社会需求的项目

合作社不能只凭想象、冲动、理念做事，必须树立一个观点，即"顾客是上帝"，没有满意的顾客就没有合作社的存在和发展。因此，选择农业创业项目要进行市场调查和研究，要了解市场究竟需要什么，需要多少，谁会来购买，有多少人购买，竞争对手有哪些等。因此，以社会需求为导向进行投资，才能生产出市场需要的产品。

3. 选择有政策扶持的项目

在选择合作社项目时，要分清哪些农业行业是国家政策鼓励和支持发展的？哪些农业行业是国家限制发展的？哪些农业行业是国家禁止发展的？防止因眼前利益而误入创业歧途，半途而废，造成血本无归。

目前来说，国家鼓励和支持的项目包括：① 生态农业项目；② 循环农业项目；③ 多功能农业项目；④ 农业产业化项目；⑤ 农产品加工项目；⑥ 设施农业项目；⑦ 农业社会化服务项目。

被国家明令禁止的项目包括：① 毁林采石项目；② 占用耕地项目；③ 高污染、高排放、高耗能农业项目。

被国家限制开发的项目包括：① 林产品加工项目；② 城市近郊畜禽和水域珍珠养殖项目。

4. 选择有经济效益的项目

合作社生产与发展靠的是盈利，如果项目不产生利润，项目投入的人、财、物等就无法收回，再生产就难以继续，这就是选择项目要注重的经济性。合作社可以从项目的投资成本、投资期限、产品销售价格和销售额进行投资效益分析，来确定是否属于能产生经济效益的项目。

5. 选择有创新有特色的项目

创新是知识经济的主旋律，是经营主体的生命，也是经营者化解外界风险和取得竞争优势的有效途径。纵观当代经营者，唯有不断创新，做到人无我有，人有我优，人优我特，才能在竞争中占据优势，获得主动性。

目前，市场上不是缺少普通的商品和一般的劳务，而是缺少特殊的商品和特殊的服务。合作社只有加强市场调研，刺激和创造需求，抢占先机、出奇制胜，生产适合需求的新的具有特色的产品和服务，才能使成立的合作社得以立足和持续发展。

二、适宜农民合作社经营的项目

选择农民合作社项目可以分为三个步骤，第一是“找”，就是得找到一个合适的项目。第二是“试”，就是试着做成，试这个环节的唯一衡量指标就是是否有利润。第三是“推”，就是指推广。

1. 积极寻找项目

寻找项目应考虑天时、地利和人和。天时，主要包括两点，一是政策，二是市场。我国的农业还处在一个发展的阶段，需要地方政策的引导和支持。如果没有市场前景的项目，不能成为寻找的对象。地利，农业的一大特性就是对土地的依赖以及土地的不可移动性。做农业离不开地理条件和环境资源，这其中重点就包括了土壤、气候和水文等。人和，包括组织和人才，能否有胜任该项目经营管理的人员。

总之，农民合作社寻找项目时，不仅要从政府引导的方向、市场需求的变化两个方面搜集信息，还要考虑当地资源以及人员构成。

2. 进行项目试验

开办合作社项目是需要真刀真枪去花真金白银的，不建议拿过来直接大面积推广，只有在你的地块上种植、养殖或经营成功的才有可能推广成功。因此，选择农业项目不能盲目跟风，在正式启动项目前要先进行小规模试验。

在试验的过程中，合作社理事长也要对 3 个问题加以重视。第一是技术问题，技术问题不解决，就无法保证品质。第二是资源问题，社员聚拢在一起，不是要干一加一等于二的事儿，而是要做一加一大于二的事情。第三个问题最关键，就是如何保障试销成功。

具体试验时，首先要根据选择的项目方案制订试验方案，选择相同的条件、环境，用同一团队人员进行小规模试验分析。不同类型项目在具体操作中不同。如新品种种植或养殖类项目，则可以选在相同条件的地块或水域，在相同环境下进行生产试验，同时设置参照试验，将常规品种与新品种产出的品质、产量、成本和效益进行对比，得出结论。

3. 大力推广项目

在“推”的环节，合作社理事长需要考虑以下 3 个问题。第一是能否得到政府的支持。农业在各个国家都是一个政策性行业，因此得到政府的支持是一件非常重要的事情。第二是社员和投资人的加入。现实中，很多合作社理事长会抱怨社员少，社员少是因为合作社理事长的工作做得还不够好。第三是打通整个产业链。与金融机构合作，这既可以进一步保证社员的收益，同时还可以让合作社足够强壮，能够在激烈的市场竞争中站住脚，立于不败之地。

三、农民合作社项目选择的步骤

1. 以成员为主要服务对象

作为一种经济组织，农民合作社自然要开展经营活动。但农民合作社又是一种互助性的经济组织，不同于公司等其他企业。所以，必须以社员为主要服务对象。农民合作社开展经营活动，主要围绕合作社成员的需求进行，交易对象主要是本合作社的种植户、养殖户为主要服务对象。

2. 围绕农业生产经营提供服务

农民合作社开展经营活动，必须围绕成员的特定需求开展经营活动，即满足成员从事农业生产经营活动中的相关需求。当前，农民合作社能够为农业生产经营提供的服务项目包括资金互助项目、技术信息服务项目、供产销服务项目。

(1) 资金互助项目。农民合作社资金互助是指经农民专业合作社全体成员代表大会通过，由农民合作社内部全体或部分成员以自愿方式入股，按照民主管理、自我服务、互惠互利的原则，在出资成员内提供借款业务的农民专业合作社内的互助性资金服务行为。

(2) 技术信息服务项目。农民合作社有利于组织开展标准化生产，探索新栽培技术，合作社除了在引进新品种、新技术有优势外，还有利于组织成员参加技术培训，邀请专家提供各种技术支持及营销服务，提高了技术水平，提升了品质，达到了增收的目的。

（3）供产销服务项目。农民合作社作为一种新型农业经营主体，就要做分散农户干不了的，或干了不赚钱的项目。如采购环节，分散的农户购买农资，与农资厂商在价格和服务等方面没有谈判的话语权，而由合作社统一采购扩大了规模，增加了采购量，跟农资厂商谈判就有了分量。在生产环节，一家一户的农民在技术和管理等方面都没有能力创新，但是入社后，就可以由合作社统一进行技术培训和管理服务，降低了生产过程的成本，提高了产品的数量和质量。在销售环节，单个农户生产不难，销售最难。由于规模不大，产量不高，品种单一，交通不便，导致大的收购商不愿意收购而影响了农产品的销售，但是入社后，合作社把社员按标准生产的农产品统一起来，分级、分类，统一包装，统一使用品牌。由于具有了规模，大的批发商和零售商就愿意和合作社签订合约，大批量收购，这样就有效地解决了农产品销售困难的问题。

第二节　农民合作社的创办流程

一、确定业务范围和发展目标

（一）确定合作社的业务范围

成立合作社，经营什么业务是首先要解决的问题。经营业务不仅要列入合作社章程，还要由工商部门登记予以确认。合作社确定自己的经营业务，要在符合国家产业政策和本社章程规定的前提下，根据成员生产发展的需要，结合本社实际发展情况，确定经营服务的内容，并逐步扩展合作社对成员服务的功能。

一般农民专业合作社主要的生产经营业务可以分为以下几类。

（1）农业生产经营中的技术培训。

（2）新品种引进。

（3）提供农业生产资料的购买。

（4）农产品的贮藏。

（5）运输与销售服务。

（6）产品加工增值。

（7）信息服务。

（8）其他。

需要注意的是，确定的生产经营业务要符合成员的需要，还要发挥当地自然、经济、社会等方面的优势，不合理的经营业务会使合作社的发展受到极大的阻碍。

（二）确定合作社的发展目标

通常合作社发展目标，包括经济和社会两个最主要的目标，经济目标主要是为了提供技术、信息、产品销售等服务，帮助农民提高经济收入；社会目标是在经济目标的基础上，追求合作社的理念和价值，实现社会公正与共同致富。由此可见，农民要考虑到给自己带来的好处，才会考虑是否加入合作社。

以前，办合作社是为了能够获得或者可以更多地获得国家政策补贴与支持，因为大部分合作社都是农民自发组织成立的，农民本身处于弱势阶段，需要政府的扶持才能更好地改善农户市场竞争地位、增加农民经营收入。

现在，办合作社首先得有服务农民的胸怀，得有踏实经营农业的决心，更要有投身农业、实现自我价值的理想和抱负。不再是仅仅为了实现生理、安全和社会上的需要，更是要上升到尊重和自我实现的高度。真正与农民结成利益共同体，因为合作社也是要盈利的。

二、确定合作社的名称和住所

(一) 确定合作社的名称

农民合作社的名称，是指合作社用以相互区别的固定称呼，是合作社人格特定化的标志，是合作社设立、登记并开展经营活动的必要条件。一般来说，农民合作社的名称可以由地域、字号、产品、“专业合作社”字样依次组成。

农民合作社依法享有名称权，并以自己的名义从事生产经营活动，其名称受到相关法律保护，任何单位和个人不得侵犯。农民合作社只准使用一个名称，在登记机关辖区内不得与登记注册的同行业农民专业合作社名称相同。

(二) 确定合作社的住所

住所即指法律上确认的合作社的主要经营场所，它是注册登记的事项之一。如果在经营过程中住所发生变更，必须再次办理变更登记。经工商部门登记的住所只有一个，住所的选址可以是专门的办公场所，也可以是某个成员的家庭住址，但必须是所在登记机关辖区范围内。

(三) 发动农民入社

合作社的主体是广大的农民，发动他们入社，扩大社员数量，是发展合作社的重要工作。为了更好地发动农民加入合作社，一方面，发起人要通过认真学习《中华人民共和国农民专业合作社法》(以下简称《农民专业合作社法》)，正确认识农民合作社的性质和特点，向农民宣传加入合作社的好处与意义所在；另一方面，还要努力宣传介绍成为合作社成员的条件、权利与义务。通过这些宣传与说明工作，使农民对合作社有一个正确的认识和准备，并通过自己的判断，自主做出是否加入合作社的决定。

三、制定农民专业合作社章程

（一）合作社章程的内容

按照《农民专业合作社法》的规定，农民专业合作社章程至少应当载明下列事项。

（1）名称和住所。

（2）业务范围。

（3）成员资格及入社、退社、除名。

（4）成员的权利和义务。

（5）组织机构及其产生办法、职权、任期、议事规则。

（6）成员的出资方式、出资额。

（7）财务管理和盈余分配、亏损处理。

（8）章程修改程序。

（9）解散事由和清算办法。

（10）公告事项和发布方式。

（11）需要规定的其他事项。

（二）制定章程的注意事项

在制定章程的时候，不仅要参照《农民专业合作社示范章程》，还要从本社的实际出发，对以下几个方面加以注意。

（1）以遵守法律法规为原则。章程的内容必须要符合相关的法律法规，如果与之矛盾则章程无效，而且还会给合作社的发展、成员的利益带来负面影响。

（2）充分发扬民主。章程的制定必须发扬民主，由全体成员共同讨论形成。章程应当是全体设立人真实意思的表达。在制定过程中，每个设立人必须充分发表自己的意见，每条每款必须取得一致。只有充分发扬民主制定出来的章程，才能对每个成员起到约束作用，才能很好地得到遵循，也才能调动各方面参与合作社的管理与发展的积极性。

（3）内容力求完善。合作社章程在制定过程中，要对相应的事项尽量规定详细，这样才可以在以后出现问题时有章可循，防止一个人说了算的现象发生。强调合作社章程的完善，并不是要求事无巨细地做出规定，而是就重大事项进行原则性规定。同时，章程的完善也有一个过程，可以在发展中逐步完善。

（4）按法定程序制定和修改章程。为保障章程的稳定性和严肃性，《农民专业合作社》规定，章程要由全体设立人一致通过。为保障全体设立人在对章程认可上的真实性，还应当采用书面形式，由每个设立人在章程上签名、盖章。章程在合作社的存续期内不是一成不变的，是可以逐步完善的，但是，修改章程是要经由成员大会做出修改章程的决议。

（三）合作社章程的贯彻与执行

章程作为农民专业合作社依法制定的重要的规范性文件，作为农民专业合作社的组织和行为基本准则的规定，对理事长、理事会成员、执行监事或者监事会成员等合作社的所有成员都具有约束力，必须严格遵守执行。

合作社的章程一般是原则性规定。在合作社的兴办过程中，还可以根据发展的实际需要，制定若干个专项管理制度，对某个方面的事项做出具体规定，进而把章程的规定进一步细化和落到实处。一般而言，合作社可以制定成员大会、成员代表大会、理事会、监事会的议事规则，管理人员、工作人员岗位责任制度，劳动人事制度，产品购销制度，产品质量安全制度，集体资产管理和使用制度。这些制度的制定，有的需要由理事会研究决定，有的还需要成员大会研究通过，并向成员公示，以便成员监督执行。

需要指出的是，章程作为农民专业合作社的内部规章，其效力仅限于本社和相关当事人。章程是法律以外的行为规范，由农民专业合作社自己来执行，无须国家强制力保证实施，当出现违反章程的行为时，只要该行为不违反法律，就由农民专业合作社自行解决。

四、办理农民合作社登记注册

(一) 办理登记手续的步骤

1. 审查受理

(1) 审查。登记人员对申请人提供的设立登记申请材料，从种类和内容上进行合法性审查，根据审查情况作出是否受理的决定。

一是审查申请人提交的材料是否齐全。《农民专业合作社登记管理条例》规定提交的八种设立申请材料不得缺少。

二是审查材料内容是否符合法定要求。对申请人提交的八种申请材料进行内容审查，看各种表格填写是否规范、完整，签名是否齐全一致，成员资格证明是否清楚明了，复印材料是否签字确认与原件一致，重点要审查农民专业合作社章程应当载明的11项内容的完整性、各文件材料之间相同事项的内容表述是否一致及申请材料内容是否与法律法规相抵触。缺项（除了法定的章程第11项内容外）、相同事项表述不一致或申请材料内容与法律法规相抵触的，应当要求修改、改正。

(2) 受理。经过审查，对于符合法定条件的登记申请，审查人员应填写《农民专业合作社设立登记审核表》，签署具体受理意见，制作《受理通知书》送达申请人；当场登记发照的，可以不制作《受理通知书》，但应该在《农民专业合作社设立登记审核表》的“准予设立登记通知书文号”栏填写“当场登记发照”。对于不符合法定条件且不能当场更正的登记申请，审查人员应当制作说明理由及应补交补办具体事项要求的《不予受理通知书》，与申请材料一并退交申请人。

2. 核准发照

(1) 核准。核准人员对于申请人提交的材料和受理人员的意见复查后，作出是否准予登记的决定，签署具体核准意见。

①经复查，申请人提交的登记申请满足材料齐全、符合法定要求的，应予当场核准登记，发给营业执照。

②经复查，申请人提交的登记申请材料不符合要求的，能当场更正的，允许当场更正，更正后符合法定条件要求的，应当场登记发照。

③经复查，申请人提交的登记申请材料不符合法定条例要求，又不能在《执行许可法》规定的“自受理行政许可申请之日起 20 日内”，通过补正登记材料满足登记条件的，应当作出不予登记的决定，制作说明理由的《不予登记通知书》，与申请材料一并退交申请人。

（2）发照。经核准同意登记的，登记工作人员应根据核准意见制作营业执照，发给申请人。并在规定的时间内，将登记资料归档，建立经济户口。

（二）办理登记手续的注意事项

（1）加入农民专业合作社的成员是具有民事行为能力的公民，以及从事与农民专业合作社业务直接有关的生产经营活动的企业、事业单位或者社会团体，能够利用农民专业合作社提供的服务，承认并遵守农民专业合作社章程，履行章程规定的入社手续的，可以成为农民专业合作社的成员，且成员数最低不少于 5 名，其中农民至少应当占成员总数的 80%。但是，具有管理公共事务职能的单位不得加入农民专业合作社。

（2）农民专业合作社经工商部门注册成立，自成立之日起 20 个工作日内，须到县农业局农村经济经营管理站备案，并在“中国农民专业合作社网”上填制《农民专业合作经济组织统计报表》，完善登记备案材料。

第三节　农民合作社的人员管理

一、合作社成员的权利

根据最新修订的《农民专业合作社法》第二十一条的规定，农民专业合作社的成员享有以下权利。

（1）参加成员大会，并享有表决权、选举权和被选举权，按照章程规定对本社实行民主管理。

参加成员大会。这是成员的一项基本权利。成员大会是农民专业合作社的权力机构，由全体成员组成。农民专业合作社的每个成员都有权参加成员大会，决定合作社的重大问题，任何人不得限制或剥夺。

行使表决权，实行民主管理。农民专业合作社是全体成员的合作社，成员大会是成员行使权利的机构。作为成员，有权通过出席成员大会并行使表决权，参加对农民专业合作社重大事项的决议。

享有选举权和被选举权。所有成员都有权选举理事长、理事、执行监事或者监事会成员，也都有资格被选举为理事长、理事、执行监事或者监事会成员，但是法律另有规定的除外。在设有成员代表大会的合作社中，成员还有权选举成员代表，并享有成为成员代表的被选举权。

（2）利用本社提供的服务和生产经营设施。农民专业合作社以服务成员为宗旨，谋求全体成员的共同利益。作为农民专业合作社的成员，有权利用本社提供的服务和本社置备的生产经营设施。

（3）按照章程规定或者成员大会决议分享盈余。农民专业合作社获得的盈余依赖于成员产品的集合和成员对合作社的利用，本质上属于全体成员。可以说，成员的参与热情和参与效果直接决定了合作社的效益情况。因此，法律保护成员参与盈余分配的权利，成员有权按照章程规定或成员大会决议分享盈余。

（4）查阅本社的章程、成员名册、成员大会或者成员代表大会记录、理事会会议决议、监事会会议决议、财务会计报告、会计账簿和财务审计报告。成员是农民专业合作社的所有者，对农民专业合作社事务享有知情权，有权查阅相关资料，特别是了解农民专业合作社经营状况和财务状况，以便监督农民专业合作社的运营。

（5）章程规定的其他权利。上述规定是《农民专业合作社法》规定成员享有的权利，除此之外，合作社章程在同《农民专业合作社法》不抵触的情况下，还可以结合本社的实际情况规定成员享有的其他权利。

二、合作社成员的义务

农民合作社在从事生产经营活动时，为了实现全体成员的共同利益，需要对外承担一定义务，这些义务需要全体成员共同承担，以保证农民专业合作社及时履行义务和顺利实现成员的利益。根据最新修订的《农民专业合作社法》第二十三条的规定，农民专业合作社的成员应当履行以下义务。

（1）执行成员大会、成员代表大会和理事会的决议。成员大会和成员代表大会的决议，体现了全体成员的共同意志，成员应当严格遵守并执行。

（2）按照章程规定向本社出资。明确成员的出资通常具有两个方面的意义：一是以成员出资作为组织从事经营活动的主要资金来源；二是明确组织对外承担债务责任的信用担保基础。由于我国各地经济发展的不平衡性，以及农民专业合作社的业务特点和现阶段出资成员与非出资成员并存的实际情况，一律要求农民加入专业合作社时必须出资或者必须拿出法定数额的资金，不符合目前发展的现实。因此，成员加入合作社时是否出资以及出资方式、出资额、出资期限，都需要由农民专业合作社通过章程自己决定。

（3）按照章程规定与本社进行交易。农民加入合作社是要解决在独立的生产经营中个人无力解决、解决不好或个人解决不合算的问题，是要利用和使用合作社所提供的服务。成员按照章程规定与本社进行交易既是成立合作社的目的，也是成员的一项义务。成员与合作社的交易，可能是交售农产品，也可能是购买生产资料，还可能是有偿利用合作社提供的技术、信息、运输等服务。成员与合作社的交易情况，按照最新修订的《农民专业合作社法》第四十三条的规定，应当记载在该成员的账户中。

（4）按照章程规定承担亏损。由于市场风险和自然风险的存在，农民专业合作社的生产经营可能会出现波动，有的年度有盈余，有的年度可能会出现亏损。合作社有盈余时分享盈余是成员的法定权利，合作社亏损时承担亏损也是成员的法定义务。

（5）章程规定的其他义务。成员除应当履行上述法定义务外，还应当履行章程结合本社实际情况规定的其他义务。

三、合作社成员身份管理

合作社要坚持入社自愿、退社自由的原则，规范成员管理，做好合作社成员的入社和退出工作。

（一）成员入社

合作社成员的入社管理，涉及的工作有：明确合作社成员入社条件、入社的流程。

1. 合作社成员的入社条件

根据最新修订的《农民专业合作社法》第十九条的规定，凡是具有民事行为能力的公民，以及从事与农民专业合作社业务直接有关的生产经营活动的企业、事业单位或者社会组织，能够利用农民专业合作社提供的服务，承认并遵守农民专业合作社章程，履行章程规定的入社手续的，都可以成为农民专业合作社的成员。但是《农民专业合作社法》对自然人和法人及其他组织成员加入合作社的条件进行了不同的规定。

农民专业合作社的自然人成员要符合两个条件：一是须为中国公民，这是对自然人成员国籍身份的要求；二是须具有民事行为能力，即符合法定条件，并能以自己的名义在合作社中享有权利承担义务。农民专业合作社可以根据实际情况，在符合法律规定的前提下，对成员的资格做出更为具体、明确的规定。

在坚持成员以农民为主体的原则下，允许从事与农民专业合作社业务直接有关的公司、科研院所、推广机构、科技协会等企业、事业单位和社会团体成为农民专业合作社的成员。对于企业、事业单位和社会团体而言，则必须是从事与农民专业合作社业务直接有关的生产经营活动。

2. 入社流程

加入农民合作社一般经过如图 4-1 所示流程。

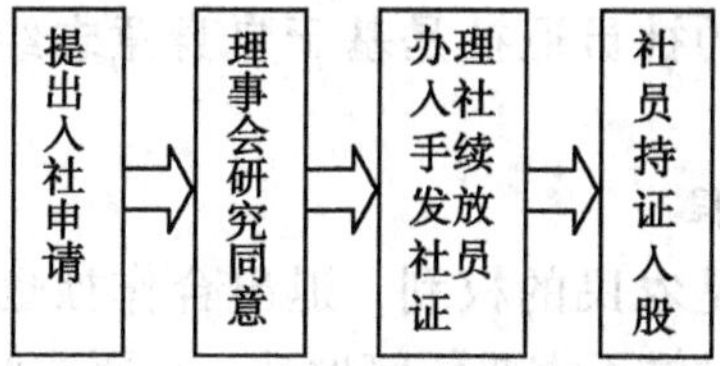

图 4-1　加入农民合作社的流程

(二) 成员退社

1. 退社的形式

农民合作社社员退社的形式多样，归纳起来有如下几种方式。

（1）社员主动要求退社。社员主动退社的方式是指社员经过慎重考虑权衡后主动提出要求请求退社，并且按照合作社法规中相关的程序规定主动办理退社手续，以此退出合作社的方式。社员主动退社大多是从自身利益出发理性选择的结果。

（2）盲目跟风退社。这种退社的方式表现为社员本身没有退社的打算，但是看到其他人退社或者是受到已经退社社员的劝说而产生退社的念头，从而主动提出退社要求，并依据合作社相关法规的规定办理退社手续，最终脱离合作社。这种退社方式带有很强的盲从性，多是受到他人的影响后做出的选择。

（3）隐形退社。隐形退社是指农民本身虽是合作社社员，但是并没有享受合作社社员权利，也不履行社员义务，他们所加入的合作社是空壳的。这种合作社从形式上看，组织机构是健全的，但其实际控制者往往是某个"能人""大户"或"老板"，真正的农民合作十分鲜见。

（4）被迫退社。被迫退社多是由社员所在的专业合作社经营管理不善面临解散而引起的，或者是因为社员与合作社之间产生了不可调和的矛盾而不得不退出合作社。被迫退社与主动退社有所不同，被迫退社的社员并非不愿意留在合作社，是迫不得已；而主动退社的社员退社是基于自身意志经理智权衡后主动退出。

2. 退社的流程

加入合作社是农民的权利，退出合作社也同样是农民的权利，所以退社的时候不需要任何批准，只要按照法律的规定来办相关的手续就可以。最新修订的《农民专业合作社法》第二十五条对于合作社成员退社的时间、程序等问题做了如下规定。

（1）退社时间。

农民专业合作社成员要求退社的，应当在会计年度终了的3个月前向理事长或者理事会提出书面申请；其中，企业、事业单位或者社会组织成员退社，应当在会计年度终了的 6 个月前提出；章程另有规定的，从其规定。

（2）成员资格终止时间。

提出退社的成员资格自会计年度终了时自动终止。

（3）合作社成员退社只要在规定的时间内提出声明即可，无须批准。

在退社的时候，合作社成员账户里面所记载的成员的财产都可以按照章程的规定退还给退社的成员。

为保证资格终止成员的合法权益，《农民专业合作社法》第二十一条规定，成员资格终止的，农民专业合作社应当按照章程规定的方式和期限，退还记载在该成员账户内的出资额和公积金份额；对成员资格终止前的可分配盈余，依照《农民专业合作社法》第四十四条的规定向其返还。同时，也为了保护仍然留在合作社中的成员的权益，资格终止的成员还应当按照章程规定分摊资格终止前本社的亏损及债务。

农民专业合作社的成员按照章程规定与本社签订合同，进行交易，是成员的一项重要义务。根据《农民专业合作社法》第二十七条和第二十八条的规定，成员在其资格终止前与农民专业合作社已订立的合同，合作社和退社成员双方均应当继续履行。但是，农民专业合作社章程另有规定的，或者退社成员与本社另有约定的除外。

（三）成员的除名

农民合作社成员有下列情形之一的，经合作社成员大会或者理事会讨论通过应予以除名：不履行成员义务，经教育无效的；给本社名誉或者利益带来严重损害的；成员共同议决的其他情形。

合作社对被除名成员，退还记载在该成员账户内的出资额和公积金份额，结清其应承担的债务，返还其相应的盈余所得。因给本社名誉或者利益带来严重损害被除名的，须对本社做出相应赔偿。

四、合作社成员的教育培训

合作社成员的教育培训是农民合作社健康、可持续发展的重要方面。开展合作社成员的教育培训工作的主要流程如下。

1. 培训需求分析

培训需求分析是培训工作的起点，需求决定培训目标的确立，影响培训课程的设计，对培训的效果起着至关重要的作用。在进行需求分析时，培训主体应与培训客体和培训对象进行充分的信息交流与沟通，根据合作社的需要、培训对象的类型、文化层次等进行分类确定，根据具体的需求有针对性的培训，满足个体自身发展和合作社发展的需要，避免千篇一律式的培训。

2. 确定培训目标

在培训实践中，培训对象不同，培训的目标是不一样的。对于普通合作社社员，培训的目标是“生产知识教育”，即通过讲座、讨论、学习有关的农业生产基本知识，以提高全体社员的生产能力和减少在农业生产中出现的错误，从而更好地把农业生产中的先进成果运用到具体的实践中，并用正确的手段解决具体的问题；对于管理人员则是通过专业知识的讲授，提高其管理能力。根据目前农民合作社的现实，培训目标可分为：知识目标、能力目标、信念目标。其中，知识目标为基础层次，能力目标是中间层次，而信念目标是最高层次。

3. 培训实施管理

培训实施管理是完成培训目标和计划的过程。这个阶段工作主要是确定培训讲师、筛选培训内容、明确培训对象和选择培训方法。

（1）确定培训讲师。合作社的培训讲师应由专业合作社研究方面的专家教授、优秀合作社带头人、农业种养殖技术方面的专业人才及农业科技人员等成员组成。

（2）筛选培训内容。合作社培训内容应根据培训目标来决定，围绕知识、能力和信念进行设计，其中，知识和能力培训是重点，信念培训是核心。

农民合作社知识培训主要包括：合作社的基本概念及理论、农民专业合作社法、合作社章程、合作社登记管理条例、合作社的组建方法、合作社的各种制度如财务制度、入股及分红制度等，还包括农业技术知识的培训，如种植技术、除害技术、嫁接技术和机械化操作技术、先进种养殖技术等。

农民合作社的能力培训主要包括：合作社财务会计制度、农产品质量安全、农产品运输储藏、品牌管理、税收制度、市场经济、经营管理等内容，还包括谈判、营销策略、沟通协调等技能。

信念层面是培训的核心，信念培训的主要内容包括：合作社的价值、理念及原则、合作社的文化理念、作为合作社社员应具备的合作、奉献、民主意识等。

（3）明确培训对象。根据我国农民合作社发展的实际，合作社的培训对象包括以下人员：合作社工作人员，如合作社工作者、合作社推广员、合作社辅导员等；合作社管理人员，如合作社理事长、监事长、经营管理层人员；合作社社员；从事合作社管理的各级政府干部、合作社服务机构人员、合作社教育机构的人员等。在实际操作中，培训对象不同，培训内容也不同，需要设计针对性的培训方案。

（4）选择培训方法。农民合作社的培训应根据不同的培训对象、内容采取灵活多样的培训方法。农民合作社培训的方法主要有：课程讲授、技术讲座、经验讨论、实地操作、远程教育、实地考察、案例研讨、角色扮演和田头学校等。

4. 培训效果评估

培训效果评估是检验培训需求分析是否准确、培训目标制订是否恰当、培训内容和方法是否适合、培训实施是否严格的参考标准，是以后培训改进的参考依据，是对此次培训工作的总结和对以后培训工作顺利开展的前提基础，在培训体系中起着十分重要的作用。培训效果评估一般从反映、知识、行为和结果 4 个层面进行展开。

第四节　农民合作社的财务管理

一、农民合作社的建账

（一）设立成员账户

合作社的成员账户是合作社经营管理中最重要的会计依据，也是合作社在财务上区别于一般经济组织的重要特征。每个合作社都应当为其每一个成员设立独立的成员账户，成员账户对合作社及其成员意义重大。

1. 设立成员账户的必要性

合作社之所以要为每个成员设立账户，其重要意义如下。

（1）设立成员账户，可以用来核算成员与合作社的交易量（额），为成员参与盈余分配提供依据。最新修订的《农民专业合作社法》第四十四条规定，在弥补亏损、提取公积金后的当年盈余，为合作社的可分配盈余。可分配盈余按成员与合作社的交易量（额）比例返还，返还总额不得低于可分配盈余的 60%。由此可见，成员与合作社的交易量（额）是可分配盈余返还的重要依据，对其核算正确与否，直接影响着成员从合作社获得的经济利益。

（2）设立成员账户，可以用来核算成员的出资额和公积金变化情况，为成员承担经济责任提供依据。最新修订的《农民专业合作社法》第六条规定，农民专业合作社成员以其账户内记载的出资额和公积金份额为限对农民专业合作社承担责任。也就是说，当合作社解散需要清算时，成员承担的合作社债务，视成员账户中记载的出资额和公积金份额的多少而定。

(3) 设立成员账户，可以用来核算成员出资额、与合作社的交易量（额），为附加表决权的确定提供依据。最新修订的《农民专业合作社法》第二十二条规定，出资额或者与合作社交易量（额）较大的成员按照章程规定，可以享有附加表决权。因此，只有对成员出资额、与成员交易量（额）进行正确核算，才能合理分配附加表决权。

(4) 设立成员账户，汇集相关会计资料，为成员退社时处理财务问题提供依据。《农民专业合作社法》规定，成员资格终止时，农民专业合作社应当按照章程规定的方式和期限，退还记载在该成员账户内的出资额和公积金份额，返还可分配盈余或承担亏损和债务。只有加强对成员出资额和公积金份额的核算，才能保证成员"退社自由"，享受应有的权利，履行应尽的义务。

2. 内部交易与外部交易

农民专业合作社与其他经济组织相区别的基本特征即存在合作社与成员的内部交易。内部交易是指成员享受合作社提供的生产或劳务服务，与合作社进行农产品或者生产资料购销、技术服务等交易，由于这种交易发生在合作社内部，而且按成本原则进行。这种交易明显与市场中其他经济主体的交易不同，市场中多数交易是在一个经济主体与另一个经济主体之间发生的，因此，习惯上称合作社与成员的交易为内部交易。与内部交易相对应，合作社与非成员进行交易时，可以称之为外部交易。

农民专业合作社与其成员的交易，应区别于与非成员的交易，因此二者应当分别核算。对于成员，应当在成员账户中进行核算，对于非成员，应在非成员账户中进行核算。

3. 分别核算的意义

分别核算是由合作社的本质属性以及功能所决定的。

首先，合作社的服务对象是其成员，这是分别核算的最主要原因。如果一个合作社主要为非成员服务，或者对二者没有明显的区分，那么合作的意义就失去了，合作社与一般企业就没有分别。比如，一个苹果合作社的主要目的不是通过销售苹果获利，而是为了尽可能多地销售成员生产出来的苹果，即使有可能亏损，也要把成员的苹果销售出去。而一般的苹果企业，为了赚钱可以销售任何人的苹果，只追求最大的销售利润，不存在成员与非成员的区别。因此，既然合作社是为成员服务的，在核算时就必须分别核算。

其次，将合作社与成员和非成员的交易分别核算，也是为了向成员返还盈余。《农民专业合作社法》第四十四条规定，合作社的可盈余分配应当按照成员与本社的交易量（额）比例返还，返还总额不得低于可分配盈余的60%。返还的依据是成员与合作社的交易量，这既包括最终农产品的交易，也包括化肥、种苗等农业生产资料的交易。因此，只有分别核算每个成员与非成员的交易量，才能准确得知每个成员的交易比例，从而进行盈余分配。

（二）编制成员账户

1. 成员账户编制格式

成员账户是按每个成员一份编制，详细记录每个成员与本社的交易量（额）以及按此返还给该成员的可盈余分配。此外，还包括成员的权益占本社全部成员权益的份额以及按此分配给成员的剩余可分配盈余。成员账户区别于一般的会计报表，有其独特的格式。

成员账户分为左右两个部分。左侧为成员个人的股金和公积金部分，包括成员入社的出资额、量化到成员的公积金份额、形成财产的财政补助资金量化到成员的份额、接受捐赠财产量化到成员的份额；右侧为成员与本社交易情况和盈余返还及分配情况，包括成员与本社的交易量（额）、返还给该成员的可分配盈余和分配给该成员的剩余盈余。

《农民专业合作社财务会计制度（试行）》给出了成员账户的基本格式（表 4-1）。在实际工作中，不同的农民专业合作社可根据自身需要，增加或减少有关项目和内容，确定成员账户的实用格式。

表 4-1　成员账户

成员姓名：　　　　　　　　联系地址：　　　　　　　　第　页

编号	年		摘要	成员出资	公积金份额	形成财产的财政补助资金量化份额	捐赠财产量化份额	交易量		交易额		盈余返还金额	剩余盈余返还金额
	月	日						产品1	产品2	产品1	产品2		
1													
2													
3													
4													
5													
年终合计				公积金总额：						盈余返还总额：			

2. 相关科目

成员账户中包括了成员的出资额和公积金份额，也包括了成员的交易量（额）和利润返还。因此，在成员账户中涉及了股金、资本公积、盈余公积、应付盈余返还、应付剩余盈余等会计科目。这些会计科目的核算均需要按照有借必有贷，借贷必相等的原则记录，并且，在记录完毕后将每个成员的情况相应登记在该成员的账户中。

3. 具体编制方式

（1）将上年成员出资、公积金份额、形成财产的财政补助资金量化份额、捐赠财产量化份额直接对应填入表 4-1 中的“编号 1”栏。

（2）“成员出资”项目，按本年成员出资计入股金的部分填列。

（3）“公积金份额”项目，按本年量化到成员个人的公积金份额填列。

（4）“形成财产的财政补助资金量化份额”，按本年国家财政直接补助形成财产量化到成员个人的份额填列。

（5）“捐赠财产量化份额”项目，按本年接受捐赠形成财产量化到成员个人的份额填列。

（6）“交易量”和“交易额”项目，按本年成员与合作社交易的产品填列。

（7）“盈余返还金额”项目，按本年根据成员与合作社交易量（额）返还给成员的可分配盈余数额填列。

（8）“剩余盈余返还金额”项目，按本年根据成员“股金”和“公积金”“专项基金”份额分配给成员的剩余数额填列。

（9）年度终了，以“成员出资”“公积金份额”“形成财产的财政补助资金量化份额”“捐赠财产量化份额”合计数汇总成员应享有的合作社公积金总额，以“盈余返还金额”和“剩余盈余返还金额”合计数汇总成员全年盈余返还总额。

二、农民合作社的年终盈余分配

合作社经营所产生的剩余，《农民专业合作社法》称之为盈余。具体而言，盈余是指合作社在一定会计期间内生产经营和管理活动所取得的净收入，即收入和支出的差额。它反映了合作社一段时期内经营管理的成果。区别于一般经济组织，合作社的盈余需要分配给合作社的成员。《农民专业合作社法》第四十四条规定，在弥补亏损、提取公积金后的当年盈余，为农民专业合作社的可分配盈余。

1. 盈余分配的要求

可分配盈余按照下列规定返还或者分配给成员，具体分配办法按照章程规定或者经成员大会决议确定。

（1）按成员与本社的交易量（额）比例返还，返还总额不得低于可分配盈余的60%。

（2）按前项规定返还后的剩余部分，以成员账户中记载的出资额和公积金份额，以及本社接受国家财政直接补助和他人捐赠形成的财产平均量化到成员的份额，按比例分配给本社成员。

合作社的盈余分配，是指把当年已经确定的盈余总额连同以前年度的未分配盈余按照一定的标准进行合理分配。盈余分配是合作社财务管理和会计核算的重要环节，关系到国家、集体、成员及所有者等各方面的利益，具有很强的政策性。因此，合作社必须严格遵守财务会计制度等有关规定，按规定的程序和要求，搞好盈余分配工作。

合作社在进行盈余分配前，首先应编制盈余分配方案，方案应详细规定各分配项目及其分配比例。盈余分配方案必须经合作社成员大会或成员代表大会讨论通过后执行，必须充分听取群众的意见。其次，应做好分配前的各项准备工作，清理有关财产，结清有关账目，以保证分配及时兑现，确保分配工作的顺利完成。

2. 盈余分配的顺序

合作社可供分配的盈余，按照下列顺序进行分配。

(1) 弥补上年亏损。主要是弥补上年亏损额。

(2) 提取盈余公积。盈余公积用于发展生产、转增资本，或者用于弥补亏损。

(3) 提取应付盈余返还。应付盈余返还是指合作社可分配盈余中应返还给成员的金额。可分配盈余是指合作社在弥补亏损、提取公积金后的当年盈余。现行财会制度规定，应付盈余返还按成员与本社交易量（额）比例返还给成员的金额，返还给成员的盈余总额不得低于可分配盈余的60%，具体返还办法按照合作社章程规定或者经成员大会决议确定。

(4) 提取剩余盈余返还。应付剩余盈余指按成员与本社交易量（额）比例返还给成员的可分配盈余后，应付给成员的可分配盈余的剩余部分。这部分可分配盈余在分配时，不再区分成员是否与本社有交易量（额），对成员一视同仁，人人有份，平均受益。合作社财会制度规定，应付剩余盈余以成员账户中记载的出资额和公积金份额，以及本社接受国家财政直接补助和他人捐赠形成的财产平均量化到成员的份额，按比例分配给本社成员。也就是扣除上述各项后的盈余可按“成员出资”“公积金份额”“形成财产的财政补助资金量化份额”“捐赠财产量化份额”合计数为成员应享有的“剩余盈余返还金额”量化到成员进行分配。

3. 盈余分配的核算举例

为了反映和监督盈余的分配情况，专业合作社应设置“盈余分配”账户，核算专业合作社当年盈余的分配（或亏损的弥补）和历年分配后的结存余额。本科目设置“各项分配”和“未分配盈余”两个二级科目。专业合作社用盈余公积金弥补亏损时，借记“盈余公积”科目，贷记本科目（未分配盈余）。按规定提取公积金时，借记本科目（各项分配），贷记“盈余公积”科目。按交易量（额）向成员返还盈余时，借记本科目（各项分配），贷记“应付盈余返还”科目。按成员账户中记载的出资额和公积金份额，以及本社接受国家财政直接补助和他人捐赠形成的财产平均量化到成员的份额，按比例分配剩余盈余时借记本科目（各项分配），贷记“应付剩余盈余”科目。

年终，专业合作社应将全年实现的盈余总额，自“本年盈余”科目转入本科目，借记“本年盈余”科目，贷记本科目（未分配盈余），如为净亏损，则做相反会计分录。同时，将本科目下的“各项分配”明细科目的余额转入本科目“未分配盈余”明细科目，借记本科目（未分配盈余），贷记本科目（各项分配）。年度终了，本科目的“各项分配”明细科目应无余额，“未分配盈余”明细科目的贷方余额表示未分配的盈余，借方余额表示未弥补的亏损。

三、农民合作社的收益分配

（一）农民合作社的分账分类

1. 分账

分账，是指生产要素（特别是生产工具）或生产物在不同社会成员和经济群体之间的分割。生产要素的分账是生产本身的问题，是生产的条件和前提，实际上是生产资料所有制的问题。生产物的分账则是生产要素分账的结果。生产物的分账是社会再生产过程中的一个重要环节。社会再生产是生产、分账、交换和消费的统一体。生产是出发点，通过分账和交换，最后进入消费。分账是连接生产和消费的一个中间环节。在再生产过程中，分账取决于生产。分账的对象是生产出来的产品，分账的性质取决于生产关系的性质。分账对生产也有重要的反作用，它直接涉及人们之间的物质利益关系，对生产的发展起着促进或延缓的作用。

农民合作社的分账，是指生产物的分账，即社员按事业利用额分红和按出资额分红。

2. 农民合作社的分账分类

(1) 按事业利用额分红。按事业利用额分红是指按社员实际利用合作社事业的份额进行分账。其基准由理事会决定。

事业利用额分红没有上限规定。因此，社员中谁多利用合作社事业，谁就多得分红收入。

(2) 按出资金额分红。按出资金额分红是指按社员实际出资的份额进行分账。一般地，按出资金额分红是在按事业利用额分红后有剩余时才进行的。

出资金额分红一般有上限规定，其基准由合作社章程规定。分红率必须适用于全体社员，绝不能区别对待社员。

(二) 收益分配公平合理

要做好农民专业合作社的盈余分配工作，需要注意以下几种情况。一是如果合作社执行的是“成本原则”，年终没有盈余就不分配。二是如果年终合作社有盈余，并且经成员们商议之后统一留作积累，也可不分配。三是如果年终合作社有盈余，而且成员们讨论之后决定要进行分配，那么合作社就应该按照《农民专业合作社法》的相关规定来进行分配。分配的基本原则是按交易额返还盈余不得低于盈余分配总额的60%。

(三) 定期公开社务

民主管理是合作社的基本原则之一。为了使社员积极参与和监督合作社的社务，合作社必须实行社务公开。

1. 社务公开的主要内容

(1) 合作社理事长须将每会计年度的事业预算、决算报告书备置在主事务所，以便社员随时查阅，接受社员的监督。

(2) 合作社理事长须将章程、大会记录、理事会记录、社员名册等文书备置在主事务所，以公开合作社的运营状况。

(3) 经社员若干人同意，可要求查阅合作社会计账簿；无特殊理由，合作社领导不能予以拒绝。

(4) 对合作社业务有违反法规或章程的疑问时，经社员若干人同意，可请求有关部门派人检查合作社业务。

(5) 设立合作社运营评价咨询会议。它由社员代表和社外合作经济专家若干人组成。其基本职能是：评价合作社运营状况，提出完善合作社运营的对策等。合作社理事长须向理事会和大会报告该会议提出的对策，并努力加以实施。

2. 社务公开的形式

第一，以公开栏的形式公开。在农民专业合作社的办公地点设置社务公开栏，将公开事项逐条予以公布，并设置意见箱。

第二，以会议和公开信的形式公开。通过召开成员（代表）大会，发放社务公开内容资料，宣读公开内容进行公开。合作社还需要定期印发社员公开信并公开社员应知的内容。

第三，以填写发放社员证的形式公开。设计制作集注明社员身份、股金证明、社员个人账卡、社情员意、明白卡等于一体的社员证，适时填写发放公布，但不得取代公开栏。

3. 社务公开的时间

每季度月底应该公布基本社务，且每年需定期公开 4 次。财务公开内容需每月公开 1 次。填发社员证公开，一般 1 年 1 次。此外，应当及时公开的事项需要随时予以公布。

4. 社务公开的程序

第一，依照政策法规和社员的要求，监事会需根据本社的实际情况，提出社务公开的具体方案。第二，理事会在对方案进行审查、补充、完善之后，需要根据公开的内容采取多种不同形式，并安排相关部门和人员及时予以公布。第三，监事会需要建立社务公开档案以备查。

5. 意见反馈

每次在村务公开之后，理事会需要负责收集、听取、接受成员反映的询问、意见和投诉，并及时予以解释和答复。理事会能够当场答复的，需要当场给予答复；不能够当场答复的，应当于7日内作出答复。如果半数以上的成员对于社务公开的事项不同意，那么应当坚决予以纠正，并重新公布。对反映的突出问题要组织专门人员调查、核实、纠正，并督促整改落实。

6. 监督管理

对不按规定进行社务公开的，监事会可以责令其限期公开；对弄虚作假、欺瞒成员的，应该给予有关责任人员批评教育，并责令其改正；对拒不改正或者情节严重以及有打击报复行为的，可以建议理事会按程序对有关责任人员予以罢免职务和除名；对社务公开中发现有挥霍、侵占、挪用、贪污合作社财物及其他违法行为的，应当及时处理，对其中构成犯罪的，移交司法机关依法处理。

第五节　农民合作社的风险管理

一、农民合作社的主要风险

农民专业合作社受其经营产业、生存环境和成员素质等因素的影响，面临诸多风险的袭扰，其中主要风险如下。

1. 制度风险

一些农民专业合作社内部组织不健全，很多组织制度都是在设立登记时直接照抄照搬的，没有实际的使用意义。内控制度不完善，章程不明确，产权不明晰，理事会、监事会职责不清，会员权利、义务不明，大多数专业合作社由理事长一人说了算，成员大会、理事会、监事会很难起到民主管理、民主监督的作用。

甚至基本上不开会，大部分问题直接是少数几个人电话沟通解决，没有会议记录，在公平和民主上达不到真正的透明。

2. 管理风险

《农民专业合作社法》对设立农民专业合作社应具备的条件及申请设立登记有明确规定，但在实际操作过程中，存在很大的随意性，可操作性较差。由于农民专业合作社的成员大部分文化素质较低，社员之间文化程度不平衡，对法律及合作社运营过程中的事项不明确，对各项财务法规等规章制度不了解，管理水平总体相对落后。工商部门只管注册登记，不对申报材料的真实性进行考究，部分专业合作社已解散多年，而工商部门仍未注销。部分合作社在运营过程中实际上是名存实亡。

3. 道德风险

有些专业合作社成立的动机不纯，在设立时提供的材料严重失实，注册资金弄虚作假，大部分以实物出资，出资资产不实，有的没有固定的办公场所，甚至会员数量构成与实际不符。部分农民专业合作社成立的动机不纯，只想以获取国家优惠政策补贴为基准，套取项目资金和银行贷款为目的。有的专业合作社通过挤占会员贷款和变相套取银行贷款用于发展其他实体经济或投资自己的产业，实质上变成了“钓鱼”项目。

4. 法律风险

专业合作社法律风险大量存在。如有的专业合作社私自解散，因债权、债务不清而产生纠纷；有的专业合作社注册资本出资额虚假；有的挪用贷款或成员资金，等等，这些法律问题的存在严重损害了各成员的利益，在出现问题的同时，由于没有相关的证据为依据，在法律解决的过程中存在着很大的弊端。

5. 财务风险

农民专业合作社的成员大部分都是农民，由于法律知识的匮乏，规模大小的限制，在筹资及经营过程中存在着较大的财务风险，这些风险在所有风险中显得尤为重要。主要表现为筹资风险、运营风险、税务风险、资金流动性风险、盈余分配风险等。

在筹资过程中，大部分出资为实物出资为主，现金出资为辅，出资存在一定风险。实物出资存在公允价值计量的问题。以生物资产为主要实物资产。生物资产的公允价值计量一直是财务会计界的一个难点。由于信息不对称，实物出资者对出资的生物资产信息相对最充分，合作社其他成员获取的生物资产信息相对不充分。

在经营过程中，生物资产存在较大风险。按财务会计角度，在合作社中生物资产主要以植物性生物资产和动物性生物资产为主。生物资产具有生命特征，管理、环境气候、病虫害等条件会对生物资产的生命形态产生较大影响。例如，干旱和病虫害会对植物性生物资产的生命形态产生较大的影响，人为管理也会对生物资产的生命形态产生较大影响，如对动物性生物资产的喂食和植物性生物资产的施肥、灌溉等。因此，生物资产具有生命形态特性决定了生产经营中生物资产具有较大的风险。

在税收管理中的风险。按照现行税收政策，符合一定条件，专业合作社可以享受流转税和企业所得税减免税优惠政策。这些具体条件包括账务健全和为合作社成员购置和提供的农资与服务；另外，从事种植、养殖等初级农业产品业务的，也可以享受流转税和企业所得税减免税优惠政策。这些减免税优惠政策的条件，要求明确，标准具体，不符合条件的，要按规定缴纳税款。目前，专业合作社由于股东人员素质、治理结构和管理团队等多种因素，财务制度和内部控制制度不健全，财务机构不健全，财务人员配备不合理，不少专业合作社对征免税项目不能分开核算，不能取得发票和其他合法票据，存在较大的税收风险。

资金流动性风险。由于专业合作社社员大部分采用实物投资，生物资产销售又受到其生命周期影响，只有处在一定生命周期状态的生物资产才可以销售，这在果木种植专业合作社表现得尤其明显。而专业合作社在正常生产运营过程中，人员工资、设备和低值易耗品购置以及日常费用报销需要一定的流动资金。据了解，不少专业合作社一旦发生这些情况，需要专业合作社成员重新增资入社。专业合作社资金流动性不足，对专业合作社的运营、品牌价值产生了不利影响，存在一定风险。

在盈余分配过程中，专业合作社存在一定的舞弊风险。一般专业合作社成员并不实际或者全程参与管理，理事会的治理结构难以落实到位，按出资分配和按交易量分配盈余并存，容易引起舞弊风险，从而带来法律风险。另外，专业合作社农产品定价的舞弊风险对盈余分配也会产生一定影响。

二、农民合作社的风险防范

在合作社实际运营的过程中，必须采取有效的措施规避各种潜在的风险，使得农民专业合作社健康稳固的发展。企业对财务风险的应对措施主要有接受风险、规避风险、降低风险和转移风险4种。专业合作社控制风险的总原则是：结合自身的特点，认真分析风险产生的原因，充分考虑风险应对的成本和收益，权衡利弊，采取合适有效的风险应对措施。

1. 加强领导，加大政策支持力度

各级政府及有关部门，应制定发展规划，建立培训长效机制，加强对管理人员、专业合作社成员和专业技术人员的培训。有关部门要加强对合作社的日常监督和指导，制定操作规程和考核办法。政府部门要加大财政扶持力度，进一步提高财政资金的使用效益。

2. 规范管理，加强农民专业合作社自身建设

农民专业合作社内部规范管理与否是其能否健康、持续发展

的关键，建立和规范内部管理制度是壮大农民专业合作社的前提和基础。有关部门应帮助合作社健全运行制度，逐步实现民主管理，建立严格的监督约束机制、合理的利益分配机制、风险补偿和积累机制，增强风险防范和补偿能力，以保证合作社发展的稳定性和连续性。

3. 委托专业人士进行财务管理和相关专业管理

委托专业人士进行财务管理和专业管理实质是一种业务外包。专业合作社业务外包可以发挥社员的农业技术优势，避免财务管理和相关专业管理上的劣势。委托外包可以有效规避税收风险和财政补助风险，降低生物资产在筹资出资、生产运营的部分风险，控制各个过程的舞弊风险。

4. 建立严格的舞弊赔偿处罚制度

在专业合作社设立章程中，设立较为严格和具有较强操作性的舞弊赔偿制度。例如，建立举报有奖制度，提高舞弊风险的(及时) 发现概率，同时，对舞弊者处以较高的赔偿处罚制度，除了全部承担损失或收益归专业合作社所有外，还可以设立处以若干倍的处罚，处罚收入归专业合作社其他成员所有。舞弊的高发现概率和高额赔偿处罚，可以有效控制舞弊风险。

5. 购买农业保险和补充商业保险

自然灾害和病虫害对生物资产造成的减产等损失，可以通过购买农业保险来控制，还可以购买部分商业保险来弥补农业保险保额的不足。这样，对于专业合作社来说，可以有效降低生物资产的不可控风险。这实质是风险转嫁策略，把部分生物资产风险转移给政府和商业保险机构。

(1) 农业保险种类。农业保险按农业种类不同分为种植业保险、养殖业保险；按危险性质分为自然灾害损失保险、病虫害损失保险、疾病死亡保险、意外事故损失保险；按保险责任范围不同，可分为基本责任险、综合责任险和一切险；按赔付办法可分为种植业损失险和收获险。

（2）农业保险险种。中国开办的农业保险主要险种有：农产品保险，生猪保险，牲畜保险，奶牛保险，耕牛保险，山羊保险，养鱼保险，养鹿、养鸭、养鸡等保险，对虾、蚌珍珠等保险，家禽综合保险，水稻、油菜、蔬菜保险，稻麦场、森林火灾保险，烤烟种植、西瓜雹灾、香梨收获、小麦冻害、棉花种植、棉田地膜覆盖雹灾等保险，苹果、鸭梨收获保险等等。

（3）政策性农业保险和商业性农业保险的区别。政策性农业保险是指国家为了实现保护和发展农业的目的，对其实行一定政策和资金扶持的农业保险险种。它与商业性农业保险有着本质的区别。从保险目的上来看，政策性农业保险以实施贯彻政府政策为首要目标，有着明确的公共利益取向；而商业性保险是以营利为目的，属于保险公司的个体行为。从保险形式上看，政策性农业保险既可采取强制性形式，也可采用自愿参保的方式；而商业性保险则表现为自愿和非强制性的特点。从保险费的赔偿设计上来看，政策性农业保险通常带有相对固定金额的特点；而商业性保险的保费设计具有对称的、非固定金额的特征。

6. 盈余提取风险准备金

专业合作社从盈余中提出一定比例的金额，建立风险准备金，从而提高专业合作社综合应对的抗风险能力。这实质是通过建立自身储备来“以丰补歉”，用“时间交错配合”来抵抗风险，防止专业合作社面临破产清算风险。从总体上说，这属于风险接受的控制策略。

7. 创新机制，提高金融服务效率

相关金融机构要将农民专业合作社纳入信用等级评定范围；建立信贷倾斜机制，实施差别化的支持措施，重点支持产业基础牢、带动农户多、规范管理好、信用记录良好的农民专业合作社；建立灵活授信机制，对列入重点支持对象的，在向其成员开展贷款授信的同时，加大对组织结构规范的法人农民专业合作社直接授信的力度；优化审批手续，对符合贷款条件的合作社实行周转使用的方式，提高资金使用效率；采取灵活担保方式，解决专业合作社及成员贷款担保难问题。此外，在风险可控的前提下，应鼓励涉农金融机构创新金融产品，做到扶持一个专业合作社，带动一个特色产业，搞活一地农村经济，致富一方农民。

三、合作社的风险管理策略

农民合作社的风险管理是指合作社运用适当的手段对各种风险源进行有效的控制，力图以最小的代价获得最大的安全保障的一系列经济管理活动。风险管理的基本程序分为以下 5 个步骤。

（一）确定风险管理目标

对于不同的农民专业合作社风险管理主体，风险管理目标可能有不同的侧重。所以，进行农民专业合作社风险管理，首要的任务是通过农民专业合作社风险管理系统的研究作业，确定系统的目标。即通过对资料的收集、分类、比较和解释等活动，确定农民专业合作社风险管理目标。

（二）农业风险识别

农业风险识别是对农业自身所面临的风险加以判断、归类和鉴定其性质的过程。因为各种不同性质的风险时刻威胁着农业的生存与安全，必须采取有效方法和途径识别农业所面临的以及潜在的各种风险。这一方面可以通过感性知识和经验进行判断，另一方面则必须依靠对各种会计、统计、经营等方面的资料及风险损失记录进行分析、归纳和整理，从而发现农业面临的各种风险及其损害情况，并对可能发生的风险性质进行鉴定，进而了解可能发生何种损益或波动。

风险识别方法主要有以下几种。

(1) 专家调查法。专家调查法是以专家为索取信息的重要对象，找出各种潜在的风险并对其后果做出分析与估计。这种方法最大的优点是在缺乏足够统计数据和原始资料的情况下，可以做出定量的分析，缺点是容易受心理因素的影响。

（2）故障树分析法。故障树分析法是利用图表的形式，将大的故障分解成各种小的故障，或对各种引起故障的原因进行分析。该方法经常用于直接经验较少的风险识别，该方法的主要优点是比较全面地分析了所有的风险因素，并且比较形象化，直观性较强。

（3）幕景分析法。幕景分析法是一种能够分析引起风险的关键因素及其影响程度的方法。一个幕景就是对一个事件未来某种状态的描述，它可以采用图标或曲线等形式来描述当影响项目的某种因素发生变化时，整个项目情况的变化及其后果，供人们进行比较研究。该方法主要适用于以下几种情况：一是提醒决策者注意措施或政策可能引起的风险及后果；二是建议需要监视的风险范围；三是研究某种关键性因素对未来过程的影响；四是当存在相互矛盾的结果时，应用幕景分析法可以在几个幕景中进行选择。

（三）农业风险衡量

在农业风险识别的基础上，通过对所收集资料的分析，对农业损益频率和损益幅度进行估测和衡量，对农业收益的波动进行计量，为采取有效的农业风险处理措施提供科学依据。

（四）农业风险处理

农业风险处理是指风险管理主体根据农业风险识别和衡量情况，为实现农民专业合作社风险管理目标，选择与实施农民专业合作社风险管理技术。农民专业合作社风险管理技术包括下列几种。

1. 风险避免

风险避免也称为风险回避，是指为将某种事故发生的可能性降低到零，放弃某一活动或拒绝承担某种风险以回避风险损失的一种控制方法。如合作社因缺乏某项种植技术的专业人员，在选择种植项目时避开该项目。

2. 风险控制

风险控制是指合作社对既不能避免也不能转移的风险，设法降低其损失发生的概率，缩小其损失幅度的方法。按照目的的不同，风险控制措施可以划分为损失预防和损失抑制两类。损失预防是指在风险事故发生前采取措施，以消除或减少可能引起损失的各项因素，即以降低损失发生的概率为目的。损失抑制是指风险事故发生时或发生后采取的各种防止损失扩大的措施，即以缩小损失程度为目的。

3. 风险转移

风险转移是指通过合同或非合同的方式将风险转嫁给另一个人或单位的一种风险处理方式。风险转移的主要形式是合同转移和保险转移。

4. 风险保留

风险保留也称为风险承担，即指合作社以其内部的资源来弥补损失。

(五) 农民合作社风险管理评估

农民合作社风险管理主体在选择了最佳风险管理技术以后，要对风险管理技术的适用性及收益情况进行分析、检查、修正和评估。因为农业风险的性质和情况是经常变化的，风险管理者的认识水平具有阶段性，只有对农业风险的识别、评估和技术的选择等进行定期检查与修正，才能保证农民专业合作社风险管理技术的最优使用，从而达到预期的农民专业合作社风险管理目标和效果。

总体而言，针对我国不同时期的农业风险状况，我国的政府介入虽然在一定时期、一定程度上防范和化解了农业的巨大风险，保障了农民的经济利益，推动了农业和社会的发展。但不可否认的是，政府、农民和其他经济主体正在承担着更大、更为复杂的风险，而原有的风险管理措施被证明并不能有效地规避这些风险。在当前的全球化、市场背景下，政府介入风险管理的方式继续进行重新整合及创新，才能有效防范和化解这些有的蕴含巨大损失、有的损失与获利机会同时并存的风险。而农民合作社在一定程度上也可以起到一些风险管理作用。

第五章　农业产业化龙头企业的经营与管理

第一节　农业企业与农业产业化经营

一、农业企业的概念和特征

1. 农业企业的概念

农业企业是随着商品经济的发展以及农业产业链的不断延伸而逐步发展起来的一种企业组织形态。凡是直接从事农业商品性生产以及与农产品生产经营直接相关的活动的营利性及互助性的经济组织，都属于农业企业的范畴。这里的农产品包括种植业、林业、畜牧业、渔业生产过程所产出的产品，是广义农产品的概念。

2. 农业企业的特征

农业企业具备企业的一般属性，例如，独立核算、自主经营、自担风险、自负盈亏，同时，又具有如下特征。

（1）农业企业的经营对象是农产品，其最终产品可以是初级农产品，也可以是以初级农产品为原料生产的初加工或部分深加工产品。

（2）农业企业风险更大。不仅随时面临市场风险，而且受自然条件的限制，自然风险突出。

（3）农业企业一般地处农村，生产条件差，工作环境艰苦，吸纳人才的能力差。

(4) 农业企业很难获得超额利润。由于农业企业的成本高，再加上市场与自然双重风险，经济效益带有明显的不确定性，因此，利润水平一般较低。

3. 农业企业经营管理的内容

农业企业经营管理的内容非常广泛，涉及农业企业供、产、销各环节，人、财、物各要素的各个方面。主要解决企业生产什么、生产多少、如何生产和为谁生产的问题。具体包括以下几点。

(1) 农业企业的设立与组建，内部组织结构的设计、职能部门的划分，现代企业制度的构建与经营模式的选择。

(2) 企业经营战略、经营目标、经营计划的确定，经营环境的分析与经营风险的规避。

(3) 企业经营资源的合理配置、优化组合与管理，寻求最小成本与最大利润的生产要素配置原理与方法。

(4) 农业企业生产经营过程中，供、产、销和收益分配诸环节的组织协调与管理，遵循的管理原理与方法。

(5) 企业产品质量管理、标准化生产与产业化经营。

(6) 企业财务管理、成本控制和营运分析的原理与方法。

(7) 企业文化建设与管理。

(8) 业主制、合伙制和公司制农业企业的比较，各类农业企业经营管理的特殊性。

二、农业产业化经营的内涵与特点

(一) 农业产业化经营的内涵

“产业”这个概念在英语词汇中与“工业”是一个词，在汉语词汇中也含有“工业生产”的意思。因此，产业化也就有了工业化的含义。

农业产业化就是在发展现代农业的过程中，打破部门分割，促进专业分工，重构农业产业价值链，实现农产品的转换增值，使农业逐渐成为一个产、加、销一条龙，贸、工、农一体化的完整的、现代意义上的产业。具体来讲，农业产业化就是在稳定家庭承包经营的前提下，以国内外市场为导向，以提高经济效益为中心，对当地农业的支柱产业和主导产品实行区域化布局、专业化生产、一体化经营、社会化服务和企业化管理，把产供销、种养加、贸工农、农科教紧密结合起来，形成一条龙的农业经营体制和各具特色的“龙”型生产经营体系，通过龙头企业把农户的生产经营与国内外市场连接起来，将农产品从生产到消费的各环节有机联成一个完整的产业链条，使龙头企业与农民结成利益共享、风险共担的经济共同体。农业产业化经营是在家庭经营的基础上实现农业规模化、集约化经营，促进农业生产向专业化、商品化、社会化转变，最终实现农业现代化的基本途径。

（二）农业产业化经营的特点

1. 专业化生产

农业生产专业化包括三种类型。一是农业经营主体的专业化。各农业经营主体逐步摆脱“小而全”的生产方式，转向专门或主要为市场生产提供某种或某类农产品。二是农业生产过程的专业化，即农产品生产全过程中不同生产工艺由若干具有相对优势的专门经营主体分别完成。这种分工方式符合农艺过程专业化的要求。三是农业生产的区域化布局。

2. 区域化布局

区域化布局就是依据区域比较优势，将农业产业经营中的主导产业或生产系列按照“一乡一业”“一村一品”或“数村一品”的原则，设立专业化小区，重点发展具有区位优势的特色农产品，并按小区进行农业资源要素配置，发展商品农产品生产基地，提高农业规模聚集效益。

3. 一体化经营

一体化经营就是农业产业化龙头企业通过合同契约把从事农业生产资料供应、农产品生产以及加工、储藏、运输、销售的诸多企业与农户整合在一起，共同构筑农业产业价值链，从而将长期割裂的农业产前、产中、产后环节重新联结起来，形成各具特色的“龙”型生产经营体系。

4. 社会化服务

它是指通过一体化组织，不仅可以利用龙头企业的资金、技术和管理优势，而且还可组织有关农业科研机构、技术推广部门对共同体内各个组成部分提供产前、产中、产后的信息、技术、经营、管理等全程服务，促进各要素紧密有效结合，最大限度地提高经济效益。

5. 企业化管理

企业化管理就是通过“公司+农户”“公司+合作社+农户”等方式，依靠龙头企业带动，将个体农户聚集在产业价值链上，形成具有工业化特征的“柔性经营综合体”，通过合同契约，参股分红，全面成本效益核算，对全系统的营运实行组织化、企业化管理。

三、农业产业化经营的基本模式

（一）龙头企业带动型（公司+基地+农户）

龙头企业带动型的农业产业化经营是以农产品的加工、储藏、运销企业为龙头，围绕一个产业或一种产品，实行产、加、销一体化经营的农业产业化经营模式。龙头企业外辖国内外市场，内辖农产品生产基地与农户，形成一种“公司+基地+农户”的产业组织形式，在这种产业化经营的组织模式下，经济利益主体主要是龙头企业和农户两方。龙头企业和农户之间的利益连接方式主要是合同契约，利益分配主要是保护价让利、纯收益分成等。

（二）中介组织带动型（中介组织+农户）

中介组织带动型的农业产业化经营模式是以从事统一农业生产项目的若干农户按照一定的章程联合起来，组建多种形式的农民专业合作经济组织，如蔬菜专业协会、养鸡协会、葡萄专业合作社、花卉销售合作社等，在这些中介组织的带动下，进行农产品产、加、销一体化经管的农业产业化经营模式。在这种产业化经营的组织形式下，经济利益主体主要是中介组织与农户两方。他们之间的经济利益通过组织章程及合同连接起来。中介组织的盈余，在提取一定积累后，一部分按交易量返还给成员，另一部分按成员入社股金进行分红。

（三）市场带动型（专业市场+农户）

市场带动型是以专业市场或专业交易中心为依托，形成商品流通中心、信息交流中心和价格形成中心，带动区域专业化生产，实行农产品的产、加、销一体化经营，从而扩大生产规模，形成产业优势，节省交易成本，提高营运效率。

（四）合作经济组织带动型（农民专业合作社或专业协会+农户）

专业合作经济组织带动型是农民自己创办专业合作社或专业协会等合作经济组织，使其在农业产业化经营中为农民提供产前、产中及产后的多种服务，一方面为入社农户统一提供生产资料、信息、服务，帮助农户解决生产资金，另一方面组织入社农户统一生产、统一加工、统一包装、统一价格销售，参与专业化、商品化的农业生产经营，解决了个体农户分散生产、实力弱小、进入市场渠道不畅的问题。

（五）科技带动型（科研单位+农户）

科技带动型的农业产业化经营模式是以科技单位为龙头，以先进技术的推广应用为核心，在科技龙头的带动下，实现农产品产、加、销一体化经营的农业产业化经营模式。在这种农业产业化经营的组织形式下，主要的利益主体是科研机构与农户两方。在这种组织模式中，收益按比例分成。

（六）主导产业带动型（主导产业+农户）

主导产业带动型农业生产化经营模式是从利用当地资源，发展特色产业和优势产品出发，发展“一乡一业”“一村一品”或“数村一品”，形成生产、加工、销售一体化经营的农业产业集群或产业价值链。在这一产业化经营组织形式下，农产品加工者、营销者与生产者（农户）之间的连接关系是相当松散的，它们之间没有成文的合同约束，互相之间的经济利益是靠市场交换联系起来的，从相互之间的公平买卖、等价交换中，实现了各自的经济利益。

由此可见，可供选择的农业产业化经营模式类型多样，农业企业应因地制宜地选择适合自己的经营模式，并在市场化、产业化的发展过程中不断创新完善。

四、农业产业化经营的组织实施

（一）农业产业化经营的运行机制

1. 利益分配机制

农业产业化经营的利益分配机制主要有以下几种情形。

（1）公司型龙头企业与农户之间的利益分配机制。第一种是松散型分配机制，按照市场交换原则相互进行平等交易，与一般市场买卖关系相类似；第二种是紧密型分配机制，龙头企业按照系统内非市场安排与市场机制相结合的方式，对农户提供服务，并按内部合同保护价收购农户的产品，农户即可获得交售农产品的一般利润，还能得到一定利润返还。

（2）合作经济组织内部的利益分配机制。合作经济组织内部的利益分配，一般按合作社或协会章程和合作合同规定进行。

农户作为专业合作社或专业协会的成员，从合作经济组织中得到信息、科技、加工、运销服务。农户既是农业共营系统中的生产者，又是合作经济财产的共有人，合作社的盈余分配一般按合作社与成员的交易量或交易额按比例返还。

(3) 股份合作制经济组织与农户之间的利益分配机制。许多地方的合作经济组织和集体经济组织，发展农业产业化经营，引入了股份制，形成股份合作制经济或股份制集体经济。其中，农户既是生产者又是股东，一方面获得作为生产者的利益，另一方面又按股分红，得到投资回报。农民自办的股份经济组织与此相类似。

2. 营运约束机制

(1) 市场约束机制。农业产业化经营各参与主体面对千变万化的大市场，都有原料供应或产品销售方面的风险。市场一般从需求、价格、竞争等方面约束农业产业化经营。农业产业化经营组织只有做到按需生产，才能有效避免价格波动带来的风险。农业产业化经营组织可在当地建立专业市场、发布网络信息，招引天下客商，也可以建立渠道、网点等。

(2) 合同约束机制。合同或协议一经签订就具有连续性、稳定性与法律效力。合同约束机制是农业产业化经营普遍采用的运行方式。龙头企业与基地（村）和农户签订的产销合同、资金扶持合同、土地流转合同以及技术成果引进推广合同等，都明确规定了各方的权利义务，双方必须诚实守信，严格履约，确保双方的合法权益不受侵害。

(3) 专业承包约束机制。有的地方将一体化经营分为两大部分：一部分是农产品加工和运销，实行公司制经营，向国内外市场出售其制成品；另一部分是种植业初级产品生产，在坚持家庭联产承包经营体制的前提下实行专业承包经营，以所属公司为甲方，专业承包大户为乙方，签订专业承包合同，规定甲乙双方在农业生产经营中的责权利。甲方为乙方提供各种服务，乙方实行科学种田，完成所承担的生产任务。

(4) 管理约束机制。在农业产业化经营系统中，企业与企业之间、企业与农户之间实行股份合作，互相参股；有的农户以土地、资金、技术向企业参股，形成新的资产关系。龙头企业演化成为股份合作制法人实体，而入股农户则成为企业的股东和企业车间型经营单位，他们相互依存、共兴共荣。入股农户不仅可以凭股分红，而且还能从龙头企业以低于市场价的价格采购到生产资料。因此，无论是股份制还是合作制，都要建立民主管理体制。

3. 基本保障机制

(1) 组织保障。是否建立稳定的组织，是判断某个经营实体是否实施农业产业化经营的一个重要标准，也是制定与执行各种制度的承担者和重要保证者。首先，农业产业化经营组织载体，特别是合格的龙头企业极为重要，因为它是制度的制定者和主要执行者；其次，农民专业合作社、农产品专业协会与其他联合自助组织同样重要。农民的组织化程度越高，制度效率和经营效率就越高，经营过程中的交易成本就越低。

(2) 制度保障。农业产业化经营系统要健全有关规章制度，如合同产销制度、价格保护制度、风险基金制度等。合同产销制度是订单农业的具体体现，实行合同产销制度可以减少生产的盲目性，真正体现以销定产，按需生产。价格保护制度是在农产品产销合同中以完全成本加平均利润的基准明确规定所收购农产品的价格，避免因市场价格波动对农户利益造成损失。风险基金制度则是为防范农业的自然风险和市场风险而由龙头企业自建或是由龙头企业、政府、农户共建的一种保障制度，目的是将农业的经营风险降低到最低限度。

(3) 非市场安排。农业产业经营系统内非市场安排是龙头企业与参与农户之间的一种特殊利益关系，也是一种特殊的资源配置方式。这种特殊安排是保证农业产业化经营系统再生产过程连续有序运行，保证系统内各利益主体权益稳定的重要手段。主要内容有：资金扶持、低价供应或赊销农业生产资料等。

（二）农业产业化经营的组织实施

实施农业产业化经营，应重点抓好以下几个关键环节。

1. 因地制宜，确定区域特色优势产业

在市场经济条件下，区域主导产业的确定是实施农业产业化经营的重要前提。确定主导产业要遵循因地制宜、扬长避短的原则，以市场为导向，立足本地的资源禀赋条件和特色优势，发展各具特色、布局合理的优势产业和产品，从而形成区域性特色主导产业。如甘肃的玉米制种、酿造原料、马铃薯、中药材生产基地；新疆的优质彩棉、糖料生产基地；四川的优质亚热带水果生产基地；云南、贵州的花卉、烟草生产基地；青海、西藏的草地畜牧业生产基地等都是从当地资源优势出发，以市场为导向确定的区域性主导产业。

2. 积极培育农村市场，大力扶持龙头企业

在农业产业化经营中，农户深感信息闭塞，渠道不畅，生产的农产品销售困难。许多乡镇至今尚无成形的农产品集散市场，农户为销售产品，只好将自己的产品运送到有市场的乡镇，这不仅造成利润的外流，而且增加了农民的运输成本、时间成本。因此，各级地方政府应大力发展农产品批发市场，重点加强仓储、保鲜、运输、加工等基础设施建设，增强市场的配套服务功能，有重点、有针对性地进行贯穿城乡、辐射全国、带动功能强的农产品专业批发市场建设，为农业产业化经营创造良好的市场环境。

3. 切实抓好商品农产品基地建设

商品农产品基地是龙头企业的依托，也是农业产业化经营

的基础。因此，各地要从自身实际出发，通过调整农业产业结构、优化区域布局，有计划、有步骤地加强农产品商品基地建设，要突出区域特色，选准主攻方向，培育支柱产业，发展特色产品，逐步形成与资源特点和市场需求相适应的区域化经济格局。

4. 建立完善务实高效的农业社会化服务体系

农业社会化服务体系是实施农业产业化经营的重要环节。因此，要逐步建立起以农民专业合作经济组织为基础，以农业经济技术部门为依托，以农民自办服务实体为补充的多行业、多经济成分、多形式、多层次、高效率、功能齐全、设施配套的农业社会化服务体系，强化农业产前、产中、产后的系列化配套服务，以确保农业产业化经营的持续稳定发展。

5. 完善内部经营机制，正确处理产业化内部的利益分配关系

以经济利益为纽带，形成利益共享、风险共担的分工协作关系是农业产业化经营持久发展的内在动力。因此，应按照市场经济的运行机制，正确处理龙头企业与农户、龙头企业与其他服务组织的关系。应本着欲取先予、让利于民的原则，在产业系统内部统一核定农副产品价格，企业把加工销售环节的部分利润返还给农民；通过预付定金、赊销化肥、种子、饲料、苗木等生产资料，扶持农民进行规模化、标准化生产。积极探索利用契约方式发展订单农业的运行机制，使农业产业化经营组织真正成为风险共担、利益共享的经济共同体。

第二节　农业企业的经营战略

一、分析农业企业经营环境

农业企业的各项经营活动实施，受到周围许多环境因素的影

响。农业企业为了搞好生产经营活动，就必须了解它所处的环境，并根据这些环境因素作出恰当的反应。

农业企业生产经营活动的环境因素，按其性质可分为：可控制的环境因素、准可控制的环境因素和不可控制的环境因素3种。可控制的环境因素，例如，新产品开发计划、新技术的引进、市场开拓计划等。准可控制的环境因素，例如，农业企业在市场上的占有率、劳动力移动率、劳动生产率、农业企业内部价格政策等。不可控制的环境因素，例如，人口增加、计划年度的物价上涨等。

按其内外性质可分为：外部环境因素和内部环境因素。外部环境因素包括政治与法律力量、经济力量、技术力量、社会文化力量、全球力量等；内部环境因素是指供应商、竞争者、顾客、政府力量、特殊利益集团等。

按农业企业主管人员在执行目标时所受到的环境限制可分为4个层次：即组织内部环境、市场环境、总体环境、超环境。组织内部环境一般包括农业企业规模、所有权类型、高层主管人员的行为、组织结构及权力领导中心分布、产品配销渠道及代理商等。市场环境一般包括顾客的类型、顾客数目、顾客购买力、顾客的需求与欲望、顾客购买习惯、同行业竞争者行为、供应商的行为等。总体环境包括影响厂商与其市场间交易的有关力量及机构，大致可分为：①经销环境；②技术环境；③政治法律环境；④社会教育与文化环境。这些总体环境的变化通常是缓慢而逐步进行的，但仍可看出其变化的趋向。超环境是一般组织通常所不加注意的因素，因为它对组织内的活动几乎尚无任何影响力量，甚至没有任何关系存在。然而，这些因素具有很大的潜在的重要性。例如，月球、矿产资源、环境污染防治以及社会经济形态的研究，都对人类未来变化有潜在的影响作用，所以农业企业经营人员必须加以注意。

(一) 经济环境

经济环境和技术、政治、法律、社会、文化教育等环境之间有着复杂关系，经济环境是农业企业生产经营活动中必须首先把握的环境。构成一国经济环境的因素很多，主要有以下几个方面。

(1) 市场规模。农业企业在开展生产经营活动之前，首先关心的是其市场规模。市场规模太小，潜力不大，就不值得去开拓；市场规模足够大，值得开拓，农业企业才能进一步考虑该市场的其他特性。决定市场规模的因素主要有两个：人口和收入。国民收入高的国家，若人口不多，则每人所得或购买力水准必然高，对商品及劳务的消费能力亦高。反之，则每人所得水准必低，对商品及劳务的消费能力也低。对于农业企业来说，最有希望的市场是人口多、个人收入水平又高的国家，例如，美国、日本、法国、德国、英国等。其次为人口虽不多，但个人所得高的国家，例如，北欧诸国、澳大利亚、新西兰等。当然，人均收入水平不高，但人口很多的地域，也往往被一些农业企业重视，因为他们未来发展的潜力是很大的。

(2) 人口结构。包括男女性别、年龄层次、教育水平、婚姻状况、就业种类以及城乡分布情况等，对农业企业的产销活动影响很大。因为不同的人口结构，会形成不同的市场结构。对产品的偏好、口味的不同以及购买行为的差别，深深地影响着农业企业的生产经营活动。例如，从年龄结构方面来看，老年人和青年人的需求是不同的。在老年人比例较高的国家和地区，食品支出的销售量就大。

(3) 经济特性。对一国经济特性的研究包括下述几个方面。

① 自然条件。即一国的自然资源、地形和气候条件。从自然资源方面来看，若一国的矿产资源、森林资源和水资源都比较丰富，这往往是吸引外地（或国外）农业企业前来投资办厂的

重要原因。同时，了解一国的自然资源状况，有助于判断一国未来经济的发展前景。

② 基础设施。即指一国的运输条件、能源供应、通信设施和各种商业基础设施（金融机构、广告公司、分销渠道、市场调研与咨询组织等）的可获性及其效率。一国的基础设施对农业企业在该国的影响很大。例如，运输条件决定了产品实体分配的效率；能源供应在一定程度上决定了一些电器产品的市场规模；通信设施的状况直接决定了广告媒介的选择乃至整个促销效果；商业基础设施则对整个经营活动的效率发生影响。一般来说，一国的基础设施越发达，在该国的经营活动也就越顺利，若该国的基础设施太落后，农业企业只能设法去适应该国条件或者干脆放弃这一市场。

③ 通货膨胀。从理论上讲，一国发生通货膨胀，人们的实际工资下降，购买力下降，需求也会下降。但从实际上看，消费者因担心物价会进一步上涨，往往会抢购商品，结果通货膨胀反而刺激了需求的扩大。一般来说，通货膨胀会影响消费者支出的数额和所购买商品的类型。此外，通货膨胀使农业企业的成本控制和定价决策变得更为复杂。

（二）政治与法律环境

政治与法律环境的变动会深深影响农业企业的生产经营活动。政治环境对农业企业的生产经营活动发生直接影响，但更多的则是通过法律、国家政策来鼓励或制约农业企业的生产经营活动。

（1）政治稳定性。各国的政治环境都在变化，平缓的变化使农业企业有调整策略的余地，突然的变化往往使农业企业措手不及。在考察一国的政治稳定性时，应注意两个方面：政策法规的连续性和政治冲突状况。

（2）政府官员的工作作风和办事效率。执政党的主张及其政权的稳定性并不一定能确保其各级行政机关的工作人员清明廉政，勤奋工作。政府官员若不能秉公执法，出现工作作风拖拉、官僚主义盛行等局面，是很不利于农业企业去追求经营成效的。

（3）政治干预。政治干预是指政府采取各种措施，迫使农业企业改变其经营方式、经营政策和策略的行为。政治干预的形式主要有：没收和国有化。没收是指政府强迫农业企业交出其资产，不给任何经济补偿。国有化是指将农业企业的资产收归国有，给农业企业一定的经济补偿。

（4）外汇管制。表现在农业企业的利润不能汇回，农业企业生产所需的原料、零部件和设备不能引进。

（5）进口限制。东道国政府可以采取许可证制度、外汇管制、关税配额等措施限制进口。

（6）税收管制。有些国家政府对外国农业企业课征特别税，采取歧视性税收政策，有的违背前约，提前结束免税期。

（7）价格管制。东道国政府采取价格管制，直接干预农业企业定价决策，使农业企业无法根据市场供求状况调整价格。

（8）劳动力限制。有些国家规定劳动力不能自由流动，农业企业无权招聘或裁减工人，以限制农业企业的人事政策。

法律环境主要有下列构成要素：一般民事法律及其结构；工商法律及其结构；关税政策及税率结构；保护措施；奖励和惩罚措施；专利及检验规定；广告管制办法；防治环境污染条例等。所有这些内容，都对农业企业的生产经营活动有重要影响。农业企业在进行生产经营活动计划之前，必须认真加以分析和研究。

（三）文化环境

社会文化环境是由社会中每个人所拥有的知识、宗教、艺术、道德、习惯和其他才能与偏好所组成的。在所有的环境中，社会文化环境向人们提出了严峻的挑战。人们每日每时都在这种环境中生活，但又难以对这种环境予以描述，既不能对社会文化标价，又不能对其进行预算，政府也不发表衡量这种环境的数字指标。因此，分析和研究社会文化环境并洞察其内部的变化是一件十分困难的事。然而农业企业是在社会中从事生产经营活动的，农业企业必须适应社会文化环境的要求。

进行文化环境的研究和分析可以从下面几方面入手。

（1）物质文化。一国的物质文化主要表现在技术和经济两方面。农业企业要计划将产品打入某国市场，必须使其经营决策符合该国的经济和技术水平。

（2）宗教。宗教信仰对农业企业经营活动的影响主要表现在：第一，不同宗教的教徒有着不同的价值观和行为准则，从而会导致不同的需求和消费模式；第二，宗教的节日前后需求往往大涨大落；第三，宗教禁忌影响着人们的消费行为；第四，宗教组织本身既是大型的团体的买者，又是教徒购买决策的重要影响者；第五，宗教之间及某一宗教不同派别之间的对立，都可能导致敌对行为，进而给农业企业在当地的经营活动带来风险。

（3）价值观念。价值观念是指人们对于事物的评价标准和崇尚风气。价值观念决定人们的是非观、善恶观和主次观，也在很大程度上决定着人们的行为规范。每一种文化都包含着某些行为规范和公认的价值观。人们在自己特定的文化环境中，只能学习和遵守这些准则，不能背道而驰，因此，农业企业在制订经营计划时，必须了解和分析各地区各国家的行为规范。以时间观念为例，北美和西欧人的时间意识很强，拉美人和中东人的时间观念要差得多。在时间意识强的国家里，那些节省时间的产品，如快餐、速溶咖啡等都会受到欢迎。

（4）社会组织。社会组织又称社会结构，是指一个社会中人与人发生关系的方式，它确定了人们在社会上所扮演的角色及权责模式。社会组织概括为家庭和社会群体两大类。社会组织在不同国家中差别很大。以家庭为例，欧美发达国家中大部分家庭规模都比较小，一般只有夫妻两人加上一个或两个未婚子女。而大多数发展中国家的家庭规模都比较大。研究各国的家庭规模对制订农业企业的经营计划具有直接意义，因为许多产品都是以家庭为单位购买的。

(5) 教育。教育是改变人类心智过程的总称。当今世界的竞争，主要是人才的竞争，一国的强盛繁荣，在某种程度上取决于人的素质的提高和人才的众多，一个农业企业也是如此。人才为所有资源之首，也是成功的关键。人才的培养靠教育。分析教育是否有益于农业企业发展可以从以下几个因素着手：第一，人们对接受教育的一般态度；第二，识字率。一国的文盲越多，就越不利于农业企业发展；第三，职业教育及训练；第四，高等教育与经济发展相适应的程度；第五，农业企业教育的发展程度。

(6) 社会文化的变迁。同其他许多事物一样，社会文化都在变化着，只是这种变化相对来说缓慢些。社会文化的变迁意味着人们的行为模式、价值观念、风俗习惯、道德规范、兴趣爱好等的变化，而这些变化又给农业企业生产经营创造了新的机会。农业企业在制订计划之前也应加以预测研究。

(7) 农业企业文化。影响农业企业经营状况的一个主要因素是农业企业文化。这种农业企业文化在无形中直接或间接地对人们的思维和行为产生影响，从而决定农业企业的经营和发展。当今农业企业管理已由以物为中心的管理发展到以人为中心的管理。这种管理承认人是有思想、有感情的。被管理者若理解农业企业目标，富有兴趣、愿意合作、愿意承担责任，那么就可以使管理更加有序，使管理失误和管理不善得到缓解和弥补。相反，如果被管理者是处于被支配、怀疑、愚弄、压抑的状态，充满对立情绪，那么再好的农业企业计划也难以实现，再好的组织和指挥也难以服从。这就是说，管理要想获得成功，首先必须研究人们的精神和灵魂，即研究农业企业文化。决定农业企业文化的因素是多方面的，从大的方面看，可以分为环境因素和人的因素。

就环境因素来看，农业企业所面临的特定的客观环境，在一定程度上制约或者说规定了农业企业的价值取向。农业企业为了在这种客观环境中求得生存与发展，必须采取与之相适应的行为方式。就人的因素来看，一般地说，人们在一个特定的农业企业内活动，通过相互接触、相互影响，逐渐形成一些共同的互相确认的观念和准则，这些观念和准则对人们的实际行为起着协调、统一等作用。当然，农业企业内不同地位的人们对农业企业文化的形成，其作用是大不相同的，农业企业创立者和最高经营决策者对农业企业形成独特的文化有着巨大的影响。例如，新希望集团公司的企业文化定位为“像家庭、像军队、像学校”；蒙牛集团以“奉献”作为企业文化的主旋律；海尔集团的企业文化是“创新”。

二、制定农业企业经营目标

确定合适的目标数量，既要保持一定的目标数量，系统地反映农业企业经营成果，又要坚持目标数量的少而精，以利于集中农业企业资源，解决好主要问题。在确定经营目标数量时，必须统管农业企业全局。对事关农业企业经营成败的关键目标，必须有意识地引导农业企业全体成员抓住重点，切忌将目标数量立得过多、过细，以致主次不分、因小失大。

1\. 确定合适的目标水平

要使其充分发挥经营目标所应具有的鼓舞和动员作用，激发职工的积极性和创造性，开展新局面。在确定目标水平时，需防止两种倾向：一是脱离实际，只凭主观愿望，把目标水平定得过高，这样不仅起不到促进作用，反而因为目标难以实现而挫伤职工的积极性；二是妄自菲薄、不求进取，把目标定得过低，不仅满足不了客观需求，也不能保持农业企业的正常发展，还会压制职工的奋发精神。合适的目标水平应是符合客观形势要求，能在原有基础上，通过主观努力，取得新成就。

2. 确定合适的目标表示形式

要尽量采用数量指标和质量指标，以利于综合反映农业企业的经营成果。反映目标水平的指标，可用绝对数或相对数来描述。当用绝对数描述目标时，如销售额、利润额、产品成本等，它只反映经营成果的“量”的水平；当目标用相对数描述时，如销售增长率、利润增长率等，是反映经营成果的可比水平。因此，为具体显示经营成果达到的绝对数量水平，也为了评价、对比经营成果相对提高（或下降）的程度，应同时选用表述目标水平的两类指标为宜。

3. 搞好综合平衡

农业企业各类目标要保持一致性，不能互相脱节、互相矛盾，这样才能保证农业企业经营活动的协调一致，形成“向心力”。农业企业的经营决策参谋部门，应着力于搞好经营目标的综合平衡，发挥统筹指导的作用。

4. 建立与推行目标管理制度

推行目标管理可以有效地引导全体职工，经过上下级之间相互协商的方式，参与目标的制定，建立达成农业企业总体性目标的目标连锁；明确方向与要求，树立责任感，使各项目标充分落实，并通过“自我控制”、考核奖惩等手段，激发人们的主观能动性与创造性，为实现目标而不断奋斗。

正所谓“栽得梧桐树，凤凰纷纷至”。只要有了科学完善的经营目标和管理制度、有效的激励与约束机制、诚信的农业企业核心价值观，就会有员工和市场的忠诚与信任，从而获得良好的农业企业文化和农业企业形象，农业企业的腾飞就会成为必然。

三、选择农业企业经营战略

1. 农业企业经营战略含义

战略即是一种谋划，是从全局出发而对事物长远发展具有重要影响的谋划。从军事学领域可延伸到许多领域，有多种观点和理解，如计划、决策等。通常，战略可概括为农业企业在分析外部环境和内部条件的现状及其变化的基础上，为求得其长期生存和稳定发展所做出的长远性的总体规划，是农业企业经营思想的集中表现。

2. 农业企业经营战略的特点

（1）全局性。即以农业企业全局为对象，根据农业企业总体发展的需要而制定的。

（2）长远性。是对未来较长时间（5 年以上）内农业企业的生存与发展的通盘考虑及筹划。

（3）竞争性。是关于农业企业在竞争中如何与竞争对手相抗衡的行动方案，也是针对来自各方面的许多冲击、压力和威胁及困难而制定的行动方案。

（4）纲领性。经营战略具有统帅作用，侧重于解决农业企业生存发展中的主要矛盾。

（5）风险性。由于环境变化的不确定性，使得经营战略具有一定的风险决策特征。

（6）稳定性。在一定时期内应该具有稳定性。当然，也应处理好总体上的连续稳定和过程与环节上的灵活性。

3. 农业企业经营战略的类型及体系

（1）总体战略。总体战略，即农业企业最高的行动纲领。按其态势可分为稳定型战略、发展型战略和紧缩型战略。

①稳定型战略。是指农业企业限于经营环境和内部条件，在一定时期内所期望达到的经营状况基本保持在某一水平上。其

核心是提高现有条件下的经济效益。优点是风险小，成功可能性大。其缺点是若长期采用，则农业企业发展变慢，容易忽视外部环境变化，错过发展机遇，从而在竞争激烈的市场环境中陷于被动。

② 发展型战略。又叫扩张型战略，指农业企业扩大原有主要经营领域的规模或向新的经营领域开拓。其核心是通过竞争优势，谋求其发展与壮大。其特点是需要投入较多的资源，才能扩大规模，提高现有产品的市场占有率或用新产品开拓市场。一般可通过技术开发、产品创新、市场拓展、联合和兼并等途径来实现战略目标。发展型战略有四种类型。第一是集中发展型战略，即以发展单一产品为主，以快于以往的增长速度来扩大农业企业目前的产品或服务的销售、利润和市场份额。其优点是经营目标单一，管理方式简便；缺点是对环境的适应能力差，经营风险大。第二是纵向一体化，即垂直一体化，是向前、向后两个方向扩展农业企业当前的业务的增长型战略。既有前向一体化又有后向一体化。这种战略可使农业企业得到资源优势和销售优势，以获得竞争胜利。第三是横向一体化，即水平一体化，是指购买竞争对手的资产或与之联合组成农业企业集团以共同经营，增强农业企业竞争力，是农业企业兼并和集团化的一种组织形式。第四是复合多元化战略（多角化），是一种增加与农业企业现有产品或服务显著不同的新产品或服务的增长型战略。一般是通过与其他农业企业的合并、收购或合资经营来实现。其优点是规模能够扩大，领域能够拓展，但缺点是精力分散于不同领域。

③ 紧缩型战略。是指农业企业从目前的经营领域收缩和撤退，且偏离目标起点较大的一种经营战略。核心是通过紧缩来摆脱当前或即将出现的困境，以求将来发展。紧缩型战略有 3 种，分别是转向战略、脱身战略和清算战略。转向战略更多的是指农

业企业在面对更好的机会时，对现存的领域便进行压缩和控制。脱身战略（抽资战略）即农业企业将一个或几个主要部门转让、出卖或停止经营。清算战略即出售或转让农业企业的全部资产，以偿还债务，停止整个农业企业的运行。

（2）经营领域战略。当农业企业是单一化或专业化时，经营领域战略与总体战略是一致的。而当存在多个产品与市场组合时，则存在多个经营领域。经营领域战略是指农业企业在某一行业或某一细分行业中，确立其市场地位和发展态势的战略。大的农业企业可能以战略单位的面貌出现；小的农业企业则以某一市场或产品出现。经营领域战略有 3 种类型：低成本战略、差异化战略和目标集中化战略。

①低成本战略。是指农业企业通过有效途径降低成本，使其全部成本低于竞争对手的成本，甚至是同行业中最低的成本，从而获得竞争优势的一种战略。低成本战略的制定是先确定开展成本分析的价值链、分摊成本和资产；了解和分析竞争对手的价值链；研究价值活动的成本形成机制；控制价值活动的成本形成机制，建立成本优势。农业企业处于低成本地位上，可以抵挡住现有竞争对手的对抗。即使在竞争对手不能获得利润，只能保本的情况下，农业企业仍能获利。面对强有力的购买商要求降低产品价格的压力，处于低成本地位的农业企业在进行交易时握有更大的主动权，可以拥有与购买商讨价还价的能力。当强有力的供应商抬高农业企业所需资源的价格时，处于低成本地位的农业企业可以有更多的灵活性来解决困境。农业企业已经建立起巨大的生产规模和成本优势，使欲加入该行业的新进入者望而却步，形成进入障碍。在与替代品竞争时，低成本的农业企业往往比本行业中的其他农业企业处于更有利的地位。

②差异化战略。是指农业企业向顾客提供的产品或服务与其他竞争者相比独具特色、别具一格，从而使其建立起独特竞争

优势的一种战略。差异化战略的制定是确定实际购买者，弄清农业企业价值链对买方价值链的影响；确定买方的购买标准；评估农业企业价值链中现有的和潜在的独特性来源；制订差异化战略方案；检验差异化战略的持久性。差异化战略产生的高边际效益，增强了农业企业对抗供应商讨价还价的能力；农业企业通过差异化战略使购买商缺乏与之可以比较的产品选择，降低购买商对价格的敏感度；农业企业通过差异化战略建立起顾客对本产品的信赖，使得替代品无法在性能上与之匹敌。但是如果顾客对某种差异化产品可觉察价值的评价，不足以使其认同该产品的高价格，这时低成本战略会轻而易举地击败差异化战略。当顾客变得更加精明时，他们就会降低对产品或服务的差异化要求，转而选择价格较低的产品。

③ 目标集中化战略。指将农业企业的经营活动集中于某一特定的购买群体、产品线的某一部分或某一地域性市场，通过为这个小市场的购买者提供比竞争对手更好、更有效率的服务来建立竞争优势的一种战略。制定集中化战略，首先要检验该战略所需要的市场基础和农业企业基础。在通过上述市场基础和农业企业基础检验后，农业企业可依据对小市场顾客需求的深入分析和农业企业核心竞争力所在以及潜在进入者的威胁等进行决策，选择具体的集中化战略。根据所选战略，运用前述低成本战略的制定方法或差异化战略的制定方法来制定具体的集中化战略方案。由于农业企业在特定的细分市场上采用集中化战略，因此前两种战略也能依据自身优势，为农业企业所采用或实施。此外由于集中化战略避开了在大市场内与竞争对手的直接竞争，对于一些力量还不足以与实力雄厚的大公司抗衡的中小农业企业来说，集中化战略可以增强他们相对的竞争优势，因而该战略对中小农业企业具有重要意义。即使对于大农业企业来说，采用集中化战略也能避免与竞争对手正面冲突，使农业企业处于一个竞争的缓冲地

带。竞争对手可能会进入农业企业选定的细分市场，并采取优于农业企业的更集中化的战略。狭窄的小市场中的顾客需求可能会与大市场中一般顾客需求趋同，此时集中化战略的优势就会被削弱或消失。

四、编制农业企业经营计划

（一）农业企业经营计划的种类

农业企业的经营计划包括长期经营计划、年度经营计划和阶段性经营计划 3 种。

1. 长期经营计划

农业企业的长期经营计划亦称长远规划或远景规划，一般应在 5 年以上，10 年、20 年不等。长期计划是从战略上、整体上确定农业企业发展方向、奋斗目标、比例关系、增长速度和主要措施的纲领性计划。长期经营计划的内容不宜过细，应简明扼要。主要包括以下几点。

（1）农业企业的经营方针、发展方向、经营规模，各业的发展比例和发展速度等。

（2）为实现上述目标应采取的措施计划。如土地利用计划、基建投资计划、农业科技规划、劳动力利用计划、经营管理改革计划等。

（3）计划期内的主要经济效果指标。主要有总产量、商品率、劳动生产率、土地生产率、成本、资金、利润等。

2. 年度经营计划

企业的年度经营计划是指在计划年度内，为落实企业生产经营活动的具体指标而编制的计划，用于反映企业当年的生产经营规模、盈利水平与发展速度。它是企业长期生产经营计划的具体实施计划。农业企业的年度计划由许多业务部门的计划构成，一般包括如下计划。

（1）生产经营计划。生产经营计划是农业企业年度计划的核心内容，是制订其他计划的依据。农业企业的生产经营计划是由企业生产的具体产品计划和从事的业务计划组成，通过这些计划企业制订各种资源要素的配置利用计划，并具体确定各项技术经济指标。

（2）产品销售计划。企业的产品销售计划主要是根据生产规模和市场需求制订的各种产品销售计划。主要包括各种农产品的销售量、销售收入和销售利润等。

（3）土地利用计划。土地是农业生产的基本资料。土地利用计划主要反映各项用地面积、结构和变动情况，是农业企业编制生产经营计划的基础。

（4）员工配置计划。主要包括企业员工在各部门的配置与利用计划，劳动力利用率与劳动生产率增长计划等。

（5）物资供应计划。主要包括种子、肥料、农药、地膜、农机具的年需要量计划。

（6）基本建设计划。包括农田、水利基本建设计划，农业生产和生活设施、农业机械设备等计划。农业企业要把资金筹措计划及投资效果作为编制基建计划的重要内容。

（7）财务成本计划。主要包括财务收支计划、资金的筹集方式、流动资金计划、企业投资计划、成本计划等。

（8）利润分配计划。它以生产、销售和成本计划为依据进行编制，内容包括目标利润、利润增长额及增长幅度等。

3. 阶段性经营计划

阶段性经营计划又称作业计划，是组织生产经营活动的具体实施计划。其主要内容包括：作业项目、作业任务、作业期限、工作量、质量要求、操作规程、劳动安排、资金物资使用额度等。它把企业当年的各项生产（劳务）活动按季、月、旬、班次具体分配到企业的各班组和个人，从而保证年度生产经营计划的具体执行。

（二）农业企业经营计划的编制程序

1. 做好做细编制生产经营计划的准备工作

准备工作具体包括：搜集和分析资料、确定计划指标体系、核定企业的生产能力。

2. 拟订能够达到目标的计划方案

拟定方案就是要提出实现企业既定目标的各种可行方案，以便权衡利弊，比较选优。

3. 审议修改计划草案

计划草案编制好以后还需征求听取企业各方面的意见，以便作必要的修改，经过股东会、董事会或理事会的审议，最后形成企业的最终计划方案。

（三）农业企业经营计划的编制方法

1. 综合平衡法

综合平衡法是农业企业为了达到既定的生产经营目标，根据企业生产经营计划确定的生产经营项目与各产品、各项目的既定规模，将企业人力、物力、财力、土地、设备等生产资源，在各部门和各项目之间进行合理分配，实现需求与可能之间的平衡。它是企业根据生产经营计划确定资源配置计划的常用方法。

农业企业计划工作所用的平衡表，可根据实际需要而设，从其内容来看，主要有3种。

（1）物资平衡表。这是用实物来反映生产任务与所需资源条件之间平衡关系的计划表格，一般按不同物资或生产资料分别进行编制。

（2）资金平衡表。资金平衡表是用货币形态来反映资金来源与占用之间平衡关系的计划表。由于资金平衡是综合性的，因此，要贯彻量入为出的原则，做到资金分配与物资供应相互衔接。

（3）劳动平衡表。劳动平衡表是反映劳动资源及其利用情况的平衡表。要根据企业生产经营的实际需要，安排好企业长期用工与临时用工的人员配置计划，确保生产作业不误农时。

2. 滚动计划法

滚动计划法是按照“近细远粗”的计划编制原则，将企业的长期计划与年度计划结合起来，确保企业在计划执行过程中，能根据实际情况变化适时修正和调整计划的一种计划编制方法。采用滚动计划法修订长期计划，可根据年度计划的实际执行情况，结合情况变化每年调整一次，并将计划顺序向前推进一年，这样年复一年不断向前滚动，企业长期计划就由静态平衡变为动态平衡。

3. 产品系列评价法

产品系列评价法就是根据企业实力与市场引力两个综合指标，通过评分方法对计划生产的不同产品进行综合评价，然后依据分数的高低作出相应决策，再经过平衡来编制产品品种计划。评分一般采用 10 分制，8～10 分为好，4～7 分为中，3 分以下为差。

第三节　龙头企业的申报和认定

一、农业产业化龙头企业

1. 农业产业化龙头企业的概念

农业产业化龙头企业是指以农产品生产、加工或流通为主，通过订单合同、合作方式等各种利益联结机制与农户相互联系，带动农户进入市场，实现产供销、贸工农一体化，使农产品生产、加工、销售有机结合、相互促进，具有开拓市场、促进农民增收、带动相关产业等作用，在规模和经营指标方面达到规定标准并经过政府有关部门认定的企业。

2. 农业产业化龙头企业的优势

农业产业化龙头企业弥补了农户分散经营的劣势，将农户分散经营与社会化大市场有效对接，利用企业优势进行农产品加工和市场营销，增加了农产品的附加值，弥补了农户生产规模小、竞争力有限的不足，延长了农业产业链条，改变了农产品直接进入市场、农产品附加值较低的局面。还将技术服务、市场信息和销售渠道带给农户，提高了农产品精深加工水平和科技含量，提高了农产品市场开拓能力，减小了经营风险，提供了生产销售的通畅渠道。通过解决农产品销售问题刺激了种植业和养殖业的发展，提升了农产品竞争力。

农业产业化龙头企业能够适应复杂多变的市场环境，具有较为雄厚的资金、技术和人才优势。龙头企业改变了传统农业生产自给自足的落后局面，用工业发展理念经营农业，加强了专业分工和市场意识，为农户农业生产的各个环节提供一条龙服务，为农户提供生产技术、金融服务、人才培训、农资服务、品牌宣传等生产性服务，实现了企业与农户之间的利益联结，能够显著提高农业的经济效益，促进农业可持续发展。

农业产业化龙头企业的发展有利于促进农民增收。一方面，龙头企业通过收购农产品直接带动农民增收，企业与农户建立契约关系，成为利益共同体，向农民提供必要的生产技术指导。提高农业生产的标准化水平，促进农产品质量和产量的提升。保证了农民的生产销售收入，同时也增强了我国农产品的国际竞争力，创造了更多的市场需求。农户还可以以资金等多种要素的形式入股农业产业化龙头企业，获得企业分红，鼓励团队合作，促进农户之间的相互监督和良性竞争。另一方面，农业产业化龙头企业的发展创造了大量的劳动就业岗位，释放了农村劳动力，解决了部分农村劳动力的就业问题。

农业产业化龙头企业的发展提高了农业产业化水平，促进了农产品产供销一体化经营，通过技术创新和农产品深加工，提高了资源的利用效率，提高了农产品质量，解决了农产品难卖的问题。改造了传统农业，促进大产业、大基地和大市场的形成，形成从资源开发到高附加值的良性循环，提升了农业产业竞争力，起到了农产品结构调整的示范作用和市场开发的辐射作用，带动农户走向农业现代化。

农业产业化龙头企业是农村的有机组成部分，具有一定的社会责任。龙头企业参与农村村庄规划，配合农村建设，合理规划生产区、技术示范区、生活区、公共设施等区域，并且制定必要的环保标准，推广节能环保的设施建设。龙头企业培养企业的核心竞争力，增强抗风险能力，在形成完全的公司化管理后，还可以将农民纳入社会保障体系，维护了农村社会的稳定发展。

二、农业产业化龙头企业标准

龙头企业涵盖三个产业，可以是农业的种植、养殖、生产或加工企业，可以是中介组织和专业批发市场等流通企业。它不同于一般的工商企业，它肩负有开拓市场、创新科技、带动农户和促进区域经济发展的重任，能够带动农业和农村经济结构调整，带动商品生产发展，推动农业增效和农民增收。只要具有市场开拓能力，能够进行农产品深精加工，为农民提供系列化服务，带动千家万户发展商品生产走市场的，都可以申请认定龙头企业。农业产业化龙头企业分为国家级、省级和市级等，分别有一定的标准。

1. 农业产业化国家级龙头企业标准

农业产业化国家级龙头企业是指以农产品加工或流通为主，通过各种利益联结机制与农户相联系，带动农户进入市场，使农产品生产、加工、销售有机结合、相互促进，在规模和经营指标上达到规定标准并经全国农业产业化联席会议认定的企业。

根据农业农村部、发改委等7部委印发的《农业产业化国家重点龙头企业认定和运行监测管理办法》（农经发〔2018〕1号）规定，农业产业化国家级龙头企业必须达到以下标准。

（1）企业组织形式。依法设立的以农产品生产、加工或流通为主业、具有独立法人资格的企业。包括依照《公司法》设立的公司，其他形式的国有、集体、私营企业以及中外合资经营、中外合作经营、外商独资企业，直接在工商行政管理部门注册登记的农产品专业批发市场等。

（2）企业经营的产品。企业中农产品生产、加工、流通的销售收入（交易额）占总销售收入（总交易额）70%以上。

（3）生产、加工、流通企业规模。总资产规模：东部地区1.5亿元以上，中部地区1亿元以上，西部地区5 000万元以上；固定资产规模：东部地区5 000万元以上，中部地区3 000万元以上，西部地区2 000万元以上；年销售收入：东部地区2亿元以上，中部地区1.3亿元以上，西部地区6 000万元以上。

（4）农产品专业批发市场年交易规模。东部地区15亿元以上，中部地区10亿元以上，西部地区8亿元以上。

（5）企业效益。企业的总资产报酬率应高于现行一年期银行贷款基准利率；企业诚信、守法经营，应按时发放工资、按时缴纳社会保险、按月计提固定资产折旧，无重大涉税违法行为，产销率达93%以上。

（6）企业负债与信用。企业资产负债率一般应低于60%；有银行贷款的企业，近2年内不得有不良信用记录。

（7）企业带动能力。鼓励龙头企业通过农民专业合作社、家庭农场等新型农业经营主体直接带动农户。通过建立合同、合作、股份合作等利益联结方式带动农户的数量一般应达到：东部地区4 000户以上，中部地区3 500户以上，西部地区1 500户以上。

企业从事农产品生产、加工、流通过程中，通过合同、合作和股份合作方式从农民、新型农业经营主体或自建基地直接采购的原料或购进的货物占所需原料量或所销售货物量的 70% 以上。

(8) 企业产品竞争力。在同行业中企业的产品质量、产品科技含量、新产品开发能力处于领先水平，企业有注册商标和品牌。产品符合国家产业政策、环保政策和绿色发展要求，并获得相关质量管理标准体系认证，近 2 年内没有发生产品质量安全事件。

(9) 申报企业原则上是农业产业化省级重点龙头企业。

2. 农业产业化省级龙头企业标准

农业产业化省级龙头企业是指以农产品加工或流通为主，通过各种利益联结机制与农户相联系，带动农户进入市场，使农产品生产、加工、销售有机结合、相互促进，在规模和经营指标上达到规定标准，经省人民政府审定的企业。

省级农业龙头企业的申请认定，都是根据本省市出台的《××省农业产业化龙头企业认定及运行监测管理办法》实施的。以浙江省为例，根据浙江省农业农村厅等四部委 2019 年 12 月 13 日修订印发的《浙江省省级骨干农业龙头企业认定和运行监测管理办法》规定，浙江省农业产业化省级龙头企业必须达到以下标准。

(1) 企业组织形式。在全省范围内依法设立以农产品生产、加工、流通，以及农产品电子商务或农业相关服务业等为主业，具有独立法人资格的企业，包括依照《公司法》设立的公司，其他形式的国有、集体、私营企业以及中外合资经营、中外合作经营、外商独资企业，在市场监督管理部门注册登记的农产品专业批发市场等。

（2）企业主营业务。企业中农产品生产、加工、流通或农资流通销售服务收入（交易额）占总销售收入（总交易额）70%以上。

（3）企业规模。申报企业须符合相应的规模条件。①农产品生产、加工、流通企业规模。总资产规模5 000万元以上，固定资产规模3 000万元以上，年销售收入1亿元以上。②农产品专业批发市场。蔬菜、粮油、果品、竹木类专业市场年交易额4亿元以上，水产品批发市场及综合型批发市场年交易额10亿元以上。③农产品电商企业。总资产规模5 000万元以上，固定资产规模3 000万元以上，年销售收入5亿元以上，以互联网方式销售农产品收入占农产品销售收入比重达到60%以上。④农资流通服务企业。总资产规模5 000万元以上，固定资产规模3 000万元以上，农资年销售额2亿元以上，拥有专业技术服务人员50人以上，租赁或自建服务场所5 000m^2以上（不含单一农资仓库）。

（4）企业效益。企业总资产报酬率高于现行一年期银行贷款基准利率；资产负债率低于70%；产销率达93%以上。

（5）企业信用。诚信守法经营，按时发放工资、缴纳社会保险、按月计提固定资产折旧；无重大涉税违法行为；企业近2年内无不良信用记录。

（6）企业带动能力。申报企业须符合相应标准。

①生产、加工、流通企业。通过建立合同、合作、股份合作等利益联结方式带动农户达到1 500户以上；通过合同、合作和股份合作方式从农民、新型农业经营主体或自建基地直接采购原料或购进货物占所需原料量或所销售货物量70%以上。

②农产品电商企业。从农民、新型农业经营主体、自建基地或省级以上“一村一品”示范村镇直接采购农产品占其销售农产品总量比例达到50%以上，带动农户1 500户以上。

③ 农资流通服务类企业。年开展农业相关生产性服务 50 万亩以上。

(7) 企业科研创新能力。企业具有较好的科技研发能力，技术在同行业中处于领先水平，科研成果转化能力、新产品开发能力强。

(8) 企业产品竞争力。企业产品质量在同行业中处于领先水平；产品符合国家产业政策、环保政策，获得相关质量管理标准体系认证，有注册商标和品牌，近 2 年内未发生产品质量安全事件。

(9) 申报企业一般应为市级农业龙头企业。

3. 农业产业化市级龙头企业标准

市级农业产业化重点龙头企业是指以农产品生产、加工、流通以及农业新型业态为主业，通过各种利益联结机制，带动其他相关产业和新型农业经营主体发展，促进当地农业主导产业壮大，促进农民增收，经营规模、经济效益、带动能力等各项指标达到市级龙头企业认定和监测标准，并经市人民政府认定的企业。

市级农业龙头企业的申请认定，也都是根据本市出台的《××市农业产业化龙头企业认定及运行监测管理办法》实施的。以济南市为例，根据济南市农业农村局 2019 年 6 月 25 日制定印发的《济南市农业产业化重点龙头企业认定和运行监测管理办法》规定，农业产业化市级龙头企业应达到如下标准。

(1) 企业组织形式。申报企业必须是依法设立的以农产品生产、加工、流通、服务、电子商务或休闲农业为主业，具有独立法人资格的企业。

(2) 企业规模。

① 生产、加工、流通、服务企业规模。资产总额 1 000 万元以上，固定资产 500 万元以上，年销售收入 1 000 万元以上。

② 农产品专业批发市场规模。年交易额1亿元以上。

③ 农产品电子商务企业规模。农产品电子商务企业固定资产300万元以上，年交易额2 000万元以上，其中农产品网络交易额占年交易额70%以上。

④ 休闲农业企业规模。资产总额2 000万元以上，固定资产1 000万元以上，年销售收入1 000万元以上，其中门票、餐饮、住宿、采摘（垂钓）、拓展培训等服务性收入占年销售收入70%以上。

⑤ 对于通过招商引资或返乡下乡人员创业创新落户我市辖区，运营状况良好、带动能力特别强、发展前景特别好的企业，年销售收入（年交易额）按50%执行。

（3）企业经济效益。企业的总资产报酬率应高于现行一年期银行贷款基准利率；企业诚信守法经营，按时发放工资、按时缴纳社会保险、按月足额计提折旧。

（4）企业产品竞争力。在同行业中企业的产品质量、品牌效益、产品科技含量、新产品开发能力居领先水平，主营产品获得注册商标并符合国家产业政策、环保政策和绿色发展要求，产销率达93%以上。近两年内没有发生产品质量安全事件。

（5）企业负债与信用。企业资产负债率原则上低于55%；近两年内无不良信用记录。

（6）企业带农增收能力。企业通过合同、合作和股份合作等方式，与合作社、家庭农场等新型经营主体建立紧密、可靠、稳定的利益联结机制。原则上畜牧水产企业带动本市农户的数量应达到50户以上，其他类型企业带动本市农户的数量应达到300户以上。

三、农业产业化龙头企业的申报

1. 申报材料

(1) 企业的资产和效益情况须经有资质的会计师事务所审定。

(2) 企业的资信情况须由其开户银行提供证明。

(3) 企业的带动能力和利益联结关系情况须由县以上农村经营管理部门提供说明。应将企业带动农户情况进行公示，接受社会监督。

(4) 企业的纳税情况须由企业所在地税务部门出具企业近3年内纳税情况证明。

(5) 企业产品质量安全情况须由所在地农业或其他法定监管部门提供书面证明。

2. 申报程序

(1) 申报企业直接向企业所在地的省（自治区、直辖市）农业产业化工作主管部门提出申请。

(2) 各省（自治区、直辖市）农业产业化工作主管部门对企业所报材料的真实性进行审核。

(3) 各省（自治区、直辖市）农业产业化工作主管部门应充分征求农业、发改、财政、商务、人民银行、税务、证券监管、供销合作社等部门及有关商业银行对申报企业的意见，形成会议纪要，并经省（自治区、直辖市）人民政府同意，按规定正式行文向农业农村部农业产业化办公室推荐，并附审核意见和相关材料。

四、农业产业化龙头企业的认定

由农业经济、农产品加工、种植养殖、企业管理、财务审计、有关行业协会、研究单位等方面的专家组成国家重点龙头企业认定、监测工作专家库。

在国家重点龙头企业认定监测期间，从专家库中随机抽取一定比例的专家组建专家组，负责对各地推荐的企业进行评审，对已认定的国家重点龙头企业进行监测评估。专家库成员名单、国家重点龙头企业认定和运行监测工作方案，由农业农村部农业产业化办公室商全国农业产业化联席会议成员单位提出。

国家重点龙头企业认定程序和办法如下。

(1) 专家组根据各省（自治区、直辖市）农业产业化工作主管部门上报的企业有关材料，按照国家重点龙头企业认定办法进行评审，提出评审意见。

(2) 农业农村部农业产业化办公室汇总专家组评审意见，报全国农业产业化联席会议审定。

(3) 全国农业产业化联席会议审定并经公示无异议的企业，认定为国家重点龙头企业，由八部门联合发文公布名单，并颁发证书。

经认定公布的国家重点龙头企业，享受有关优惠政策。国家重点龙头企业所属的控股子公司，其直接控股比例超过 50%（不含 50%）的，且控股子公司以农产品生产、加工或流通为主业，可享受国家重点龙头企业的有关优惠政策。

第四节　农产品质量管理

质量认证是国际上对质量管理的一个通行手段，即通常所说的产品认证和 ISO9000 标准认证。质量认证不仅是一种先进的管理方式，同时也是政府部门为提高本国产品质量而采用的一项有效管理措施。通过质量认证，转变发展方式，促进提质增效，实现品质生活。

一、农产品认证

农产品质量认证始于 20 世纪初美国开展的农作物种子认证，

并以有机食品认证为代表。到20世纪中叶，随着食品生产传统方式的逐步退出和工业化比例的增加，国际贸易的日益发展，食品安全风险程度的增加，许多国家引入“农田到餐桌”的过程管理理念，把农产品认证作为确保农产品质量安全和同时能降低政府管理成本的有效政策措施。于是，出现了HACCP（食品安全管理体系）、GMP（良好生产规范）等多种农产品认证形式。

我国农产品认证始于20世纪90年代初农业部实施的绿色食品认证。2001年，农业部提出了无公害农产品的概念，并组织实施“无公害食品行动计划”，各地自行制定标准开展了当地的无公害农产品认证。在此基础上，2003年实现了“统一标准、统一标志、统一程序、统一管理、统一监督”的全国统一的无公害农产品认证。20世纪90年代后期，国内一些机构引入国外有机食品标准，实施了有机食品认证。另外，我国还在种植业产品生产中推行GAP（良好农业操作规范）和在畜牧业产品、水产品生产加工中实施HACCP食品安全管理体系认证。当前，我国基本上形成了以产品认证为重点、体系认证为补充的农产品认证体系。

（一）无公害农产品认证

1. 无公害农产品的概念

无公害农产品是指产地环境、生产过程和产品质量符合国家有关标准和规范要求，经认证合格后获得认证证书并使用无公害农产品标志的未经加工或者初加工的食用农产品。

2. 无公害农产品认证方式

无公害农产品认证采取产地认定与产品认证相结合的方式。运用了从“农田到餐桌”全过程管理的指导思想，打破了过去农产品质量安全管理分行业、分环节管理的理念，强调以生产过程控制为重点，以产品管理为主线，以市场准入为切入点，以保证最终产品消费安全为基本目标。产地认定主要解决产地环境和生产过程中的质量安全问题，是产品认证的前提和基础，产地认定由省级农业行政主管部门组织实施；产品认证主要解决产品安全和市场准入问题，产品认证由农业部农产品质量安全中心组织实施。凡符合《无公害农产品质量安全管理办法》规定，生产产品在《实施无公害农产品认证的产品目录》内，具有无公害农产品产地认定有效证书的单位和个人，均可申请无公害农产品认证，无公害农产品认证是政府行为，认证不收费。无公害农产品产地认定证书与产品认证证书见图 5-1。

图 5-1　无公害农产品产地认定证书与产品认证证书

3. 无公害农产品认证的特点

（1）公益性。无公害农产品认证执行的是无公害食品标准，认证的对象主要是百姓日常生活中离不开的“菜篮子”和“米袋子”产品。也就是说，无公害农产品认证的目的是保障人民的身体健康和生命安全，满足大众消费，是政府推动的公益性认证。

（2）普遍性。无公害农产品认证的主要目的是保障基本安全，满足大众消费，示范普通农民。凡具有无公害农产品产地认定有效证书的单位和个人均可申请无公害农产品认证，因此，无公害农产品认证具有普遍性的特征。

（3）公正性。无公害农产品检测机构是具备法定检测资格，经农业农村部农产品质量安全中心委托的机构。它受农业农村部农产品质量安全中心委托，承担申报产品的抽样和检验任务，承担无公害农产品年度抽检任务，并依照法律、法规和无公害农产品标准，客观、公正地出具农产品检验报告，检测机构的工作不受外界干扰，是中立的第三方行为，客观公正。

（4）专业性。无公害农产品认证推行“标准化生产、投入品监管、关键点控制、安全性保障”的技术制度。从产地环境、生产过程和产品质量3个重点环节控制危害因素含量，保障农产品质量安全。因此，无公害农产品的认证管理办法具有较高的专业水平。

4. 无公害农产品申请认证程序

（1）申请人从中心、分中心或所在地省级无公害农产品认证归口管理单位领取。

或者从中国农业信息网下载《无公害农产品认证申请书》及有关资料。

（2）申请人直接或者通过省级无公害农产品认证归口管理单位向申请认证产品所属行业分中心提交以下材料（一式两份）。

①《无公害农产品产地认定与产品认证申请书》。

②《无公害农产品产地认定证书》（复印件）。

③国家法律法规规定申请者必须具备的资质证明文件（复印件），如营业执照、注册商标、卫生许可证等。

④符合规定要求的《产地环境检验报告》和《产地环境现状评价报告》或者符合无公害农产品产地要求的《产地环境调查报告》（两年内的）。

⑤ 无公害农产品生产计划。

⑥ 无公害农产品生产质量控制措施。

⑦ 无公害农产品生产操作规程。

⑧ 专业技术人员资质证明和保证执行无公害农产品标准和规范的声明。

⑨ 符合规定要求的《产品检验报告》。

⑩ 以农民专业合作经济组织作为主体和“公司+农户”形式申报的，提交与合作农户签署的含有产品质量安全管理措施的合作协议和农户名册（包括农户名单、地址、种养殖规模）；如果合作社申报材料中填写的是“自产自销型、集中生产管理”，请提供书面证明说明原因，并附上合作社章程以示证明。

(3) 分中心自收到申请材料之日起，在 10 个工作日内完成申请材料的审查工作，申请材料不符合要求的，中心书面通知申请人，本生产周期内不再受理其申请。申请材料不规范的，分中心书面通知申请人补充相关材料。申请人在规定的时间内按要求完成补充材料并报分中心。分中心在 5 个工作日内完成补充材料的审查工作。

(4) 申请材料符合要求但需要对产地进行现场检查的，分中心组织检查员和专家组成的检查组进行现场检查。现场检查不符合要求的，书面通知申请人，本生产周期内不再受理。

(5) 申请材料符合要求或者申请材料和产地现场检查符合要求的，分中心书面通知申请人，委托有资质的检测机构对其申请认证产品进行抽样检验。

(6) 产品检验不合格的，中心书面通知申请人，本生产周期内不再受理其申请。

(7) 中心在 5 个工作日内完成对材料的审查、现场检查（需要时）和产品检验的审核工作。组织评审委员会专家进行全面评审，在 15 个工作日内做出认证结论：同意颁证的，中心主任签发《无公害农产品认证证书》；不同意颁证的，中心书面通知申请人。

(8) 中心根据申请人生产规模、包装规格核发无公害农产品认证标志。

《无公害农产品认证证书》有效期为3年，期满如需继续使用，证书持有人应当在有效期满90日前按本程序重新办理。

(二) 绿色食品认证

1. 绿色食品的概念与特征

绿色食品是遵循可持续发展原则，按照特定生产方式生产，经专门机构认证，许可使用绿色食品标志的无污染、无公害、安全、优质、营养类食品。由于与环境保护有关的事物国际上通常都冠之以“绿色”，为了更加突出这类食品出自良好生态环境，便定名为绿色食品。绿色食品一般具备4个条件：①产品或产品原料产地必须符合绿色食品生态环境质量标准；②农作物种植、畜禽饲养、水产养殖及食品加工必须符合绿色食品的生产操作规程；③产品必须符合绿色食品质量和卫生标准；④产品外包装必须符合国家食品标签通用标准，符合绿色食品特定的包装、装潢和标签规定。

正因如此，绿色食品与普通食品相比具有3个显著特点：一是强调产品出自良好生态环境；二是对产品实行“从田间到餐桌”全程质量控制；三是对产品依法实行统一标志与管理。

2. 绿色食品申报程序

凡具有绿色食品生产条件的单位和个人，出于自愿申请使用绿色食品标志使用权的申请人，申请程序如下。

(1) 申请人向所在省、自治区、直辖市绿色食品办公室领取申请表格及有关资料。

(2) 申请人按要求填写“绿色食品标志使用申请书（一式两份）”“经营主体生产情况调查表”，并连同有关资料一并报省（区、市）绿色食品办公室（以下简称绿办）。

(3) 由省（区、市）绿办委派至少两名绿色食品标志专职管理人员赴申报企业及其原料产地进行实地调查，考察后写出正式报告。

(4) 由省（区、市）绿办委托有关环境评价单位（通过省级以上计量认证）赴申报企业进行农业环境质量调查与评价。

(5) 以上材料由省（区、市）绿办初审后报送中国绿色食品发展中心审核。

(6) 中国绿色食品发展中心审核材料后，下达一审结果。一审结果有3种情况：若申报材料不合要求，则下达一审意见，企业收到一审意见后应在两个月内对有关问题作出如实答复；若材料中有违反原则性的问题，则不予通过，且当年不再受理该企业的申报；若材料合格，即下抽样单，绿办据此按有关规定进行抽样，抽样后送到指定食品检测部门进行检测。

(7) 食品质检部门将检测报告直接寄往中国绿色食品发展中心，中心对此报告进行终审，合格即通知企业办理有关手续，不合格者，当年不再受理其申请。

(8) 中国绿色食品发展中心对上述合格产品进行编号，并颁发绿色食品标志使用证书。

(9) 绿色食品标志使用证书有效期为3年。在此期间，绿色食品生产企业必须接受中心、绿办或中心委托的监测机构对其产品进行抽检及年检，并履行“绿色食品标志使用协议”。期满后若欲继续使用绿色食品标志，必须于期满前3个月办理重新申请手续。

(三) 有机食品认证

1. 有机食品的概念

有机食品是根据有机食品种植标准和生产加工技术规范生产的、经过有机食品颁证组织认证并颁发证书的一切食品和农产品。国家环保局有机食品发展中心（OFDC）认证标准中关于有机食品的定义是：来自于有机农业生产体系，根据有机认证标准生产、加工并经独立的有机食品认证机构认证的农产品及其加工品等。有机食品与无公害食品和绿色食品最显著的差别是：有机食品在生产和加工过程中绝对禁止使用农药、化肥、除草剂、合成色素、激素等人工合成物质；而无公害食品和绿色食品则允许有限制地使用上述物质。因此，有机食品的生产要比其他食品难得多，需要建立全新的生产体系，采用相应的替代技术。

2. 有机食品认证程序

（1）申请。

① 申请人向 COFCC 分中心提出正式申请，领取《有机食品认证申请表》《有机食品认证调查表》《有机食品认证书面资料清单》《有机食品生产技术准则》等文件。

② 申请人填写《有机食品认证申请表》和《有机食品认证调查表》，并准备《有机食品认证书面资料清单》中要求提供的文件。

③ 申请人按《有机食品生产技术准则》的要求，建立本经营主体的质量管理体系、生产操作规程和质量信息追踪体系。

（2）预审、审查并制订初步检查计划。

① 分中心对申请人材料进行预审。预审合格，分中心将有关材料复制给认证中心。

② 认证中心根据分中心提供的项目情况，估算检查时间（一般需要两次检查：生产过程 1 次、加工 1 次）。

③ 认证中心根据检查时间和认证收费管理细则，制订初步检查计划、估算认证费用。

④ 认证中心向申请者寄发《受理通知书》《有机食品认证检查合同》，同时通知分中心。

⑤ 分中心对申请者材料进行初审，对申请者进行综合审查；

分中心将审核意见和申请人的全部材料复制给认证中心；认证中心审查并做出“何时”进行检查的决定；若审查不合格，认证中心通知申请人且当年不再受理其申请。

（3）签订有机食品认证检查合同。

① 申请人确认《受理通知书》后，与认证中心签订《有机食品认证检查合同》。

② 根据《有机食品认证检查合同》的要求，申请人交纳相关费用的50%，以保证认证前期工作的正常开展。

③ 申请人制定内部检查员（生产、加工各1人）配合认证工作，并进一步准备相关材料。

④ 所有材料均使用书面文件和电子文件各1份，复制给分中心。

（4）实地检查评估。

① 全部材料审查合格以后，认证中心派出有资质的检查员进行实地检查；检查员取得申请人相关资料后依据《有机食品认证技术准则》的要求，对申请人的质量管理体系、生产过程控制体系、追踪体系以及产地、生产、加工、仓储、运输、贸易等进行实地检查评估。

② 必要时，检查员需对土壤、产品抽样，由申请人将样品送指定的质检机构检测。

（5）编写检查报告。

① 检查员完成检查后，按认证中心要求编写检查报告。

② 检查员在检查完成后两周内将检查报告送达认证中心。

（6）综合审查评估意见。

① 认证中心根据申请人提供的申请表、调查表等相关材料以及检查员的检查报告和样品检验报告等进行综合审查评估，填写颁证评估表，提出评估意见。

② 认证中心将评估意见报颁证委员会审议。

（7）颁证决议。颁证委员会定期召开颁证委员会工作会议，对申请人的基本情况调查表、检查员的检查报告和认证中心的评估意见等材料进行全面审查，做出同意颁证、有条件颁证、有机转换颁证或拒绝颁证的决定。证书有效期为1年。

①同意颁证。申请内容完全符合有机食品标准，颁发有机食品证书。

②有条件颁证。申请内容基本符合有机食品标准，但某些方面尚需改进，在申请人书面承诺按要求进行改进以后，亦可颁发有机食品证书。

③有机转换颁证。申请人的基地进入转换期1年以上，并继续实施有机转换计划，颁发有机转换基地证书。从有机转换基地收获的产品，按“转换期有机食品”销售。

④拒绝颁证。申请内容达不到有机食品标准要求，颁证委员会拒绝颁证，并说明理由。

（8）颁证。根据颁证决议和《有机食品标志使用管理规则》的要求，签订《有机食品标志使用许可合同》，并办理有机食品标志的使用手续，颁发有机食品证书。按照国际惯例，有机食品标志认证1次有效期为1年。1年期满后可申请“保持认证”，审核合格后可继续使用证书。标志管理，绿色食品未来必将成为农产品认证的主体，应继续扩大比例，引导其向公益性方向发展；有机食品在我国受资源约束不能成为认证主导，但应鼓励有条件的地方大力发展。

二、体系认证

（一）良好农业规范认证

1. 良好农业规范认证概述

良好农业规范是一套主要针对初级农产品生产的操作规范，强化农业生产者的经营管理行为，实现对种植、养殖全过程控制，从源头上控制农产品质量安全的农业规范。1997 年，欧洲零售商农产品工作组在零售商的倡导下，提出了“良好农业规范”（简称 GAP）。GAP 主要通过规范种植/养殖、采收、清洗、包装、储藏和运输过程管理，鼓励减少农用化学品和药品的使用，来实现保障初级农产品质量安全、可持续发展、环境保护、员工健康安全以及动物福利等目标。GAP 对农业生产活动中的每一个细节的要求都制定了详细的标准，如在水果、蔬菜生产过程中，从土地的准备、种子的选择到播种、病虫害防治、收获、清洗、包装、运输，几乎每一道工序都列出了明确的控制点，包含了从农田到餐桌的整个食品链的所有步骤。

2003 年 4 月，国家认证认可监督管理委员会首次提出在我国食品链源头建立“良好农业规范体系”，并于 2004 年启动了中国 GAP 标准的编写和制定工作。中国 GAP 标准起草主要参照欧洲 GAP 标准控制条款，并结合中国国情和法规要求编写而成。目前，我国有 15 家认证机构经国家认证委批准开展 GAP 认证业务。中国良好农业规范认证图标见图 5-2。

一级认证标志　　二级认证标志

图 5-2　中国良好农业规范认证图标

中国 GAP 认证分为两个级别的认证：一级认证要求符合适用良好农业规范相关技术规范中所有适用一级控制点的要求，并且至少符合所有适用良好农业规范相关技术规范中适用的二级控制点总数95%的要求，不设定三级控制点的最低符合百分比；二级认证要求所有产品应至少符合所有适用模块中适用的一级控制点总数的95%的要求，不设定二级控制点、三级控制点的最低符合百分比。一级认证与全球良好农业规范认证要求一致。申请人获得GAP认证证书后可以在非零售产品包装、产品宣传材料、商务活动中使用认证标志。

2. 良好农业规范认证的流程与方法

良好农业规范（GAP）认证的申请人可以是单个农业生产经营者，也可以是农业生产经营组织。GAP认证根据项目规模、项目类型、审核时间以及认证决定的时间进行收费。

（1）良好农业规范（GAP）认证的流程。申请良好农业规范（GAP）认证的申请人，应按以下流程申请GAP认证（图5-3）。

（2）良好农业规范（GAP）认证的方法。

① 熟悉标准，认真阅读GB/T 20014《良好农业规范》标准，了解标准中的要求。

② 企业管理者、生产负责人和内部审核员应参加过培训，以便更多地了解GAP的要求。

③ 生产操作过程符合相关GAP控制点的操作标准，遵循本国和出口目标国的法律法规，并保存GAP操作过程中完整的农事活动书面记录。

④ 在接受正式的独立检查之前，企业应该使用GAP检查表进行一次自我检查，验证是否符合了GAP的所有控制点，并对不符合的地方进行记录和改进。

⑤ 申请者在接受检查之前，要积极配合，提供相关文字材料。

⑥ 内部检查员应该对认证的地块上GAP操作体系的执行情

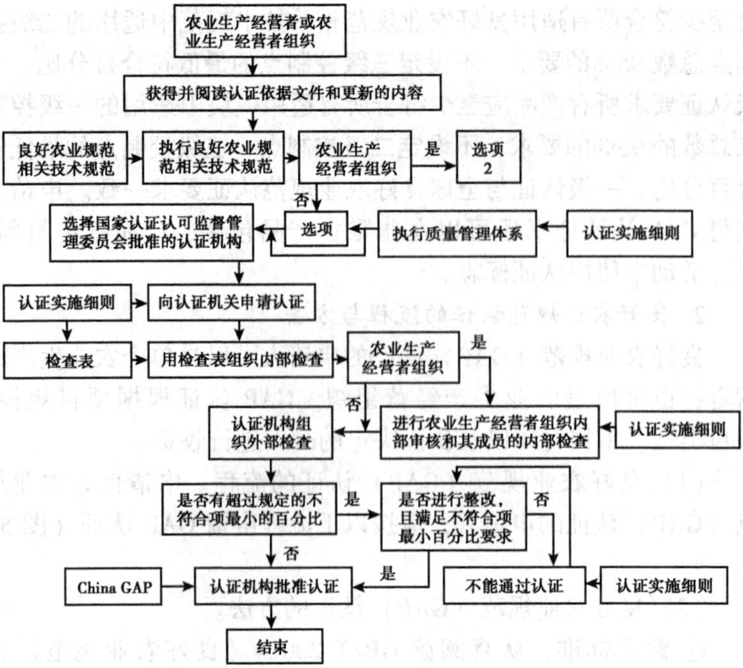

图 5-3　良好农业规范（GAP）认证流程示意

况每年进行至少 1 次内部检查（自我检查）。重点是操作中的不符合项、整改措施的落实情况。

⑦ 检查安排。作物类检查：初次检查要求申请人提供获得注册号之后，收获日期之前 3 个月的记录。

（二）良好操作规范（GMP）认证

良好操作规范是一种特别注重制造过程中产品质量和安全卫生的自主性管理制度。它是一套适用于制药、食品等行业的强制性标准，要求企业从原料、人员、设施设备、生产过程、包装运输、质量控制等方面按国家有关法规达到卫生质量要求，形成一套可操作的作业规范，帮助企业改善企业卫生环境，及时发现生产过程中存在的问题并加以改善。GMP 所规定的内容是食品、药品加工企业必须达到的最基本的条件。

1. 食品 GMP 的意义

（1）为食品生产提供一套必须遵循的组合标准。

（2）为卫生行政部门、食品卫生监督员提供监督检查的依据。

（3）为建立国际食品标准提供基础。

（4）便于食品的国际贸易。

（5）使食品生产经营人员认识食品生产的特殊性，提供重要的教材，由此产生积极的工作态度，激发对食品质量高度负责的精神，消除生产上的不良习惯。

（6）使食品生产企业对原料、辅料、包装材料的要求更为严格。

（7）有助于食品生产企业采用新技术、新设备，从而保证食品质量。

2. 食品 GMP 的基本精神

降低食品生产过程中人为的错误；防止食品在生产过程中遭到污染或品质劣变；建立健全的自主性品质保证体系。

3. 推行食品 GMP 的目的

（1）提高食品的品质与卫生安全。

（2）保障消费者与生产者的权益。

（3）强化食品生产者的自主管理体制。

（4）促进食品工业的健全发展。

4. 食品 GMP 认证申请食品

GMP 认证工作程序包括申请受理、资料审查、现场勘验评审、产品抽验、认证公示、颁发证书、跟踪考核等步骤。

食品企业应递交申请书。申请书包括：产品类别、名称、成分规格、包装形式、质量、性能，并附公司注册登记复印件、工厂厂房配置图、机械设备配置图、技术人员学历证书和培训证书等。

三、地理标志认证

（一）农产品地理标志的概念与特征

《农产品地理标志管理办法》给农产品地理标志的定义是：标示农产品来源于特定地域，产品品质和相关特征主要取决于自然生态环境和历史人文因素，并以地域名称冠名的特有农产品标志。它既是产地标志，也是品质和质量标志，属于农产品质量安全法调整的范围。因此，农产品地理标志是一个专用名词，具有公益性、亲农性、区域独特性、权利的永久性、权利的不可转让性以及持续的品牌效应等特征。

（二）农产品地理标志申请

1. 申请材料

农产品地理标志登记申请人为县级以上地方人民政府根据规定申请条件择优确定的农民专业合作经济组织、行业协会等组织。符合农产品地理标志登记条件的申请人，可以向省级人民政府农业行政主管部门提出登记申请，并提交下列申请材料。

（1）登记申请书。

（2）申请人资质证明。

（3）产品典型特征特性描述和相应产品品质鉴定报告。

（4）产地环境条件、生产技术规范和产品质量安全技术规范。

（5）地域范围确定性文件和生产地域分布图。

（6）产品实物样品或者样品图片。

（7）其他必要的说明性或者证明性材料。

2. 申请条件

凡申请地理标志登记的农产品，必须符合下列条件。

（1）称谓由地理区域名称和农产品通用名称构成。

（2）产品具有独特的品质特性或者特定的生产方式。

（3）产品品质和特色主要取决于独特的自然生态环境和人文历史因素。

（4）产品有限定的生产区域范围。

（5）产地环境、产品质量符合国家强制性技术规范要求。

省级人民政府农业行政主管部门自受理农产品地理标志登记申请之日起，应当在45个工作日内完成申请材料的初审和现场核查，并提出初审意见。符合条件的，将申请材料和初审意见报送农业农村部农产品质量安全中心；不符合条件的，应当在提出初审意见之日起10个工作日内将相关意见和建议通知申请人。农业农村部农产品质量安全中心应当自收到申请材料和初审意见之日起20个工作日内，对申请材料进行审查，提出审查意见，并组织专家评审。专家评审工作由农产品地理标志登记评审委员会承担，独立做出评审结论，并对评审结论负责。经专家评审通过的，由农业农村部农产品质量安全中心代表农业农村部对社会公示。

（三）农产品地理标志使用

《农产品地理标志管理办法》第十五条规定：符合下列条件的单位和个人，可以向登记证书持有人申请使用农产品地理标志。

（1）生产经营的农产品产自登记确定的地域范围。

（2）已取得登记农产品相关的生产经营资质。

（3）能够严格按照规定的质量技术规范组织开展生产经营活动。

（4）具有地理标志农产品市场开发经营能力。

第五节　农产品营销管理

一、农产品市场营销的概念

一般来说，农产品市场是由消费者、购买欲望和购买力组成的。农产品市场营销的任务就是通过一定方法或措施激起消费者的购买欲望，在消费者购买范围内满足其对农产品的需求。

农产品经营者的市场营销就是为了实现农产品经营者的目标，创造、建立、保持与目标市场之间的互利交换关系，而对农产品经营者设计方案的分析、计划、执行和控制。

农产品市场营销，就是在变化的市场环境中，农产品经营者以满足消费者需要为中心进行的一系列营销活动，包括市场调研、选择目标市场、产品开发、产品定价、产品促销、产品存储和运输、产品销售、提供服务等一系列与市场有关的经营活动。

二、农产品市场营销的特点

农产品营销的特点和其他产品营销有很多相似性，但因其生产特点、产品特性和消费特点不同，又有与众不同的营销特点。

1. 农产品的生物性、鲜活性

农产品大多是生物性产品，如大米、面粉、蔬菜、瓜果、蛋禽、牛奶、花卉等，具有鲜活性、易腐性，并容易失去其鲜活性。如花卉、鱼、鲜牛奶等，存放时间很短。农产品一旦失去鲜活性，价值就大打折扣。

2. 消费需求的普遍性、大量性和连续性

人们对农产品的消费需求是生存的最基础的需求，农产品的基础性决定了其在需求上具有普遍性，它在满足人们生活基本需求、美化人们的生活等方面发挥着不可替代的作用。而且，数量巨大的人口，决定了对农产品需求的大量性。

另外，由于农产品是人们日常生活所必需的，虽然其生产具有季节性，但农产品的消费却是均衡的，无论是人们的日常消费，还是作为工业生产的原料，是常年和连续的。

3. 农产品品种繁多且可替代性强

一方面，农产品种类规格繁多，无以计数；另一方面，由于农产品的基本功能相似，所含的基本成分类似和基本用途相同，从而造成了农产品之间具有很强的替代性，这些都决定了农产品贸易的复杂性和难度。比如，白菜价格高涨，萝卜的需求就会增加。因此，农产品的生产、保存、技术非常复杂，难度很大。可以说，农产品是技术、资金、劳动力集约化程度很高的产业。

4. 农产品产销矛盾突出、价格波动大

农产品的生产有着较强的季节性与地域性，在产地的生产季节，农产品的上市量非常大，时间也很集中。例如，水果的收获旺季大多在每年的秋季，此时上市的果品特别多，梨、柑橘、苹果等大量水果都集中在此时上市，导致价格下降。又如，柑橘一般只能在南方生产、苹果多在北方生产，所以北方市场的苹果价格低，而柑橘价格高；南方市场的情况则相反。由于生产的季节性、地域性等原因，导致农产品的价格波动比较大。在供过于求的集中上市季节，产品价格会很低；而在供应不足的淡季，产品的价格会非常高。

5. 农产品的质量受产地因素影响较大

农产品在长期的自然进化过程中形成了与当地自然环境条件相适应的生态习性，因此农产品的质量在很大程度上受产地的自然环境因素的影响。同一品种的农产品在不同地方栽培有不同的产品质量。例如，新疆栽培的哈密瓜可能比在其他地方栽培的哈密瓜要甜得多。

6. 农产品的储藏、运输难

部分农产品属于鲜活产品，容易腐烂，不易于储藏和运输，而且有些农产品单位体积较大而价格相对较低，其运输费用相对较高。因此，一方面，要采取各种灵活有效的促销手段，制定合理的销售价格，力争就地多销快销，减少产品损耗；另一方面，要加强产品的产品化处理，采用先进技术，进行农产品的保鲜和储藏，降低产品储藏腐烂率，并选择灵活的流通方式，保持畅通的运输渠道，利用便捷的交通工具和运输路线，尽量减少运输损失，以取得较好的经济效益，达到农产品经营者营销的目标。

7. 农产品的价值低、利润低

农产品的体积较大、单位体积的价值低，运输、贮藏成本高等。比如：一袋25kg的面粉售价仅几十元，从小麦收购开始，需要经过粮商收购，运输到面粉加工厂、面粉加工厂加工后，送到超市门店，就需要两次长距离的运输及多次搬运，其运输及搬运的成本就得达到10%以上。经营面粉的利润还不如搬运费用。

8. 大宗农产品的营销相对稳定，小宗农产品的营销变化无常

需求量巨大的农产品市场需求及供应量相对稳定，市场变化比较平稳；而小宗农产品的需求变化巨大而供应量相对变化也较大，两者变化重叠或反向导致价格剧烈变化。市场上经常出现的“蒜你狠”“姜你军”就是典型的例子。

三、农产品市场营销的策略

1. 高品质化策略

随着人们生活水平的不断提高，对农产品品质的要求越来越高，优质优价正成为新的消费动向。要实现农业高效，必须实现

农产品优质，实行“优质优价”“高产高效”策略。把引进、选育和推广优质农产品作为抢占市场的一项重要的产品市场营销策略。淘汰劣质品种和落后生产技术，以质取胜，以优发财。

2. 低成本化策略

价格是市场竞争的法宝，同品质的农产品价格低的，竞争力就强。生产成本是价格的基础，只有降低成本，才能使价格竞争的策略得以实施。要增强市场竞争力，必须实行“低成本、低价格”策略。加大领先新技术、新品种、新工艺、新机械，减少生产费用投入，提高产出率；要实行农产品的规模化、集约化经营，努力降低单位产品的生产成本，以低成本支持低价格，求得经济效益。

3. 大市场化策略

农产品销售要立足本地，关注身边市场，着眼国内外大市场，寻求销售空间，开辟空白市场，抢占大额市场。开拓农产品市场，要树立大市场观念，实行产品市场营销策略，定准自己产品销售地域，按照销售地的消费习性，生产适销对路的产品。

4. 多品种化策略

农产品消费需求的多样化决定了生产品种的多样化，一个产品不仅要有多种品质，而且要有多种规格。要根据市场需求和客户要求，生产适销对路的各种规格的产品。实行“多品种、多规格、小批量、大规模”策略，满足多层次的消费需求，开发全方位的市场，化解市场风险，提高综合效益。

5. 反季节化策略

因农产品生产的季节性与市场需求的均衡性的矛盾带来的季节差价，蕴藏着巨大的商机。要开发和利用好这一商机，关键是要实行“反季节供给高差价赚取”策略。实行反季节供给，主要有三条途径：一是实行设施化种养，使产品提前上市；二是通过储藏保鲜，延长农产品销售期，变生产旺季销售为生产淡季销售或消费旺季销售；三是开发适应不同季节生产的品种，实行多品种错季生产上市。实施产品市场营销策略。要在分析预测市场预期价格的基础上，搞好投入-产出效益分析，争取好的收益。

6. 嫩乳化策略

人们的消费习惯正在悄悄变化，粮食当蔬菜吃，黄豆要吃青毛豆，蚕豆要吃青蚕豆，猪要吃乳猪，鸡要吃仔鸡，市场出现崇高嫩鲜食品的新潮。农产品产销应适应这一变化趋向，这方面发展潜力很大。

7. 土特化策略

近年来，人们的消费需求从盲目崇洋转向崇尚自然野味。热衷土特产品，蔬菜要吃野菜，市场要求搞好地方传统土特产品的开发，发展品质优良特产，风味独特的土特产品，发展野生动物。野生蔬菜，以特优质产品抢占市场，开拓市场，不断适应变化着的市场需求。

8. 加工化策略

发展农产品加工，既是满足产品市场营销的需要，也是提高农产品附加值的需要，发展以食品工业为主的农产品加工是世界农业发展的新方向、新潮流。世界发达国家农产品的加工品占其生产总量的90%，加工后增值2~3倍；我国加工品只占其总量的25%，增值25%，我国农产品加工潜力巨大。

9. 标准化策略

我国农产品在国内外市场上面临着国外农产品的强大竞争，为了提高竞争力，必须加快建立农业标准化体系，实行农产品的标准化生产经营。制定完善一批农产品产前、产中、产后的标准，形成农产品的标准化体系，以标准化的农产品争创名牌，抢占市场。

10. 名片化策略

一是要提高质量，提升农产品的品位，以质创牌；二是要搞好包装，美化农产品的外表，以面树牌；三是开展农产品的商标注册，叫响品牌名牌，以名创牌；四是加大宣传，树立公众形象，以势创牌。要以名牌产品开拓市场。

第六章　小农户的经营与管理

第一节　小农户的概念和特征

一、小农户的概念

小农户是对经营规模的描述。概括来说，小农户是指因人多地少等禀赋而产生的以家庭为单位、集生产与消费于一体的农业微观主体。具体来说，小农户是指农民个体经营，生产资料归个人所有，以个人劳动为基础，农民的劳动所得归他自己所有的一种经营形式。在不同语境下，“小农户”也可用“小规模农户”“小规模农民”“小规模农业生产”或“小规模农场”等来表示，不同概念表述均可抽象出家庭经营的基础属性。

二、小农户的特征

我国现阶段的小农户不同于小农经济。小农经济作为一种生产方式，不仅具有规模小的形式特征，更为重要的是它具有传统农业的特征。这种特征至少反映在以下 4 个方面。

（1）小农经济以人畜力为生产手段，完全以农民世代使用的生产要素为基础从事农业生产。不仅劳动生产率低，而且土地生产率也很低，土地产出长期保持在一个较低的水平上。

（2）小农经济是一个封闭的生产系统，所使用的生产要素，除了像犁铧、镐、锄、镰等金属工具需要从市场上购买，其余大量使用的生产资料，包括种子、肥料甚至畜力几乎都是自给。

（3）小农经济是一个自给自足或半自给自足的经济，产品剩余很少，以满足自己的消费为主。生活中的绝大部分消费品，从主食到副食、从衣服到鞋帽，都由家庭内部生产。因此，传统农业下的小农户需要面对的市场风险很少，主要是自然风险，小农户的破产更多是由天灾人祸所致。在没有现代农业科学技术和农业基础设施的条件下，自然灾害对农户生计的冲击可能是致命的。在严重灾害发生的年景下小农户面临着破产的风险。

（4）小农经济由于缺乏市场交换活动，生产者之间很少有以商品交易为纽带的经济交往。人们的社会活动半径极小，缺乏社会流动性，人们之间的交往主要表现为以血缘关系为基础的亲属之间交往和邻里之间的交往。

与传统农业的小农经济不同，现阶段我国的小农户在诸多方面都发生了质的变化。

（1）现阶段小农户的生产经营活动基于现代农业科学技术和工业装备应用的基础之上，除极个别地方外，典型的手工劳动基本退出农业生产，畜力农具也很少使用，农业基本走出了依靠世代经验积累种田的阶段。土地生产率与20世纪50年代相比，提高了近3倍。

（2）小农户是一个开放的生产系统，无论使用的生产资料还是生产出的产品，均高度依赖外部市场。现代科学技术的提升和现代工业的发展，为农业提供了良种、化肥、农药、农膜和其他生产工具，这些生产资料的使用是他们获取较高的土地生产率和劳动生产率的必备条件。这些生产资料都要从市场上购买，除种子来自农业领域之外，大量使用的化肥、农药、机械等来自于工业。尽管小农户的规模较小，但主要生产一种或两种产品，生产不是为满足自身消费，而是为了换取货币收入。因此，现阶段小农户的生产体现为商品化、专业化的特征，从属于商品经济范畴。

(3) 现阶段小农户家庭收入结构发生了巨大变化，家庭经营收入（或说农业生产收入）占家庭全部收入的比重显著下降。在农地资源禀赋较差且二、三产业发达的地区，家庭经营收入在家庭人均可支配收入中所占比重已经下降到25%以下，而工资性收入已经占到了60%以上。即便在东北这样资源禀赋相对优越的主要农区，家庭经营收入比重也下降到了70%以下。由于这样的收入结构，以及农户土地的集体所有性质，使农户并不存在或很少存在家庭经营破产的风险。变化的趋势显示，小农户家庭对农业的依赖程度越来越低。

(4) 农户生产经营结构发生了根本性的变化。越来越多的农户生产经营项目在减少，以满足家庭消费为目标的小而全的家庭经营结构在较大程度上已经消失。除自给性较强的蔬菜生产外，其他满足日常消费的产品，农户大部分从市场购入，专业化、商品化生产程度显著提高。由此也使农户与外部的联系越来越多，封闭半封闭的家庭消费方式已经完全打破。

(5) 农户的社会交往方式发生了改变，家庭外部经营组织开始出现，如各类专业合作社、农民技术协会。农户与外部经营组织的合作日益频繁，包括农业产业化经营、各种订单农业等。

由此可见，尽管我国现阶段农户土地平均经营规模比历史上任何时期都小，特别是农地资源禀赋较差的地区土地经营规模更小，但从本质上看，已经脱离了传统农业小农经济的特征。

第二节　小农户的发展模式

尽管目前小农户是我国农业最主要的生产经营形式，但农业现代化、机械化仍旧是大的趋势。如果小农户不融入现代农业发展，乡村振兴目标就难以如期实现。因此，小农户必须转变落后思想观念，创新发展模式。

一、托管服务模式

托管服务模式坚持“政府引导、部门支持、市场运作、农民自愿、企业自主”的原则，成立托管服务中心。这种模式下，土地耕地性质不变，土地的收益全部归农户。如果小农户的产品需要出售，有的合作社还会高于市场价予以回购，最大限度地保障小农户利益。同时，合作社还会与小农户签订托管服务合同，明确双方权利义务，并严格按照合同约定履行服务承诺。农民自愿选择合作社的服务，并根据实际服务情况，与合作社结算费用。

案例：农业托管让农户轻松种地

山东济南市长清永盛农机合作社目前托管土地3 179亩，对长年打工和劳动能力不足的农户，提供选种、施肥、耕种等全程托管服务。另外，在为农户提供全程作业服务的同时还一次性回购种粮户450亩小麦，让农户既能轻轻松松种地，安安心心收获，也能腾出剩余劳动力和时间外出打工或从事其他产业。

二、“合作社+农户”服务模式

“合作社+农户”服务模式主导是合作社，此模式特别适合产业单一的合作社，帮助合作社技术和品种引进或推广。通过“合作社+农户”的模式可以提高农户参与的积极性，并且帮助合作社做强做大。当小农户们聚在一起组建合作社，就形成拳头力量，规模面对市场，产品化销售农产品，规模化采购农资。

案例：合作社与农户推广稻鳅共生

江苏省常州市武进区横林镇是一个农业大镇，耕地面积8.2

万亩，主要种植水稻和棉花。近两年，该镇依托农业专业合作社，引导农户开展稻田综合种养新模式，成效初显。除了1万亩的虾稻连作基地，该镇还依托养殖专业合作社，规划稻鳅共生基地。合作社与农户合作推广稻鳅共生，由合作社免费向农户提供种子、技术和肥料，并出资对田块进行改造。产出的稻谷归群众所有，合作社回收泥鳅价格比市场价更高。

三、"企业+农户"服务模式

随着经济发展和科技进步，小农户经营规模进一步提高，"企业 +农户"逐渐成为农业产业化经营的一个重要组织形式。"企业 +农户"服务模式通常由企业提供产前、产中、产后全过程服务，以外部组织的规模收益，相对有效地克服了小农经营规模不经济的弊端，实现了龙头企业与农户间更紧密的联结机制，创新了现代农业经营方式。

案例：温室集团首创"公司+农户"模式

广东的企业温氏集团，首创了"公司+农户（家庭农场）"的模式。公司提供种苗、饲料、药物保健和技术服务，由家庭农场统一规划的场地进行养殖生产，公司确保产品保价回收，确保农场主的合理平均利润。这一模式通过构建合理的利益分配机制，将公司与农户联结为利益共同体，带动农户增收致富。目前，温氏已在贵州省发展了11个分公司，养猪规模达440万头，取得了良好的经济和社会效益。

四、"协会+农户"服务模式

"协会+农户"服务模式通常由生产企业牵头，为成员提供生产全过程技术服务。如今这种模式已经成为许多小农户脱贫致富的新法子。

案例：新模式让蔬菜产供销一体化

湖南龙山县蔬菜产业协会积极探索发展规模化种植，实现蔬菜产供销一体化，已形成“协会+农户”经营模式。协会引进蔬菜新品种、新技术、新方法，创办示范样板、举办技术培训班、争创地方特色品牌、联系销售市场。创办 800 多亩水果轮作示范、1 000 多亩稻菜轮作示范、4 000 多亩烟菜连作示范、5 000 多亩高山反季节蔬菜示范。为农户每年举办技术培训，让农户有样可学，不断深化现代农业意识，提高经济收益。

五、产学研服务模式

“产学研合作”一般是指高校、科研机构与产业界的合作。在农业方面，这种模式由科研院所为后盾，为农户提供先进的养殖技术、优良的品种、科学的管理方式，具有旺盛的发展潜能。

案例：产学研结合带动农户发展

湖南道州玉华鹅业公司以永州工贸中专学校为核心群共建基地 18 个，与湖南农业大学签订合作协议，实行产学研结合带动农户发展。公司与农大协作改良新品种、研发饲养新技术、培育优良种苗，又与农户签订年度供种苗、饲料、技术、销售合同。实行保底价收购，农户可以自由在市场上销售，销售价格低于保底价的，差价部分由公司补助。现发展农户 4 500 户，年出笼灰鹅 90 万羽。

第三节　小农户的经营策略

一、小农户的经营优势

我国小农户之所以存在并发展，很大程度上是因为小农户有其独特优势，在农业现代化过程中可以发挥特殊的作用。

第一，小农户是家庭经营的，属于自我雇佣，与手工业的家庭作坊有类似之处，而不同于雇工经营的农业公司。这种生产方式与农业的生产特点相适应。农业是一个自然生长过程，生产时间长，且工作弹性很大，很难进行监管，因此需要劳动者高度的自觉性和主动的工作精神。家庭经营将收益和劳动的付出直接联系在一起，几乎不需要进行监管。

第二，家庭经营可以通过兼业来最大效率地利用劳动力。农业生产的季节性很强，有农忙和农闲之分，在农闲时期，农业劳动力可以外出季节性打工，或者从事家庭副业来补充农业收入的不足。农业劳动力可以灵活地在农业和非农业之间进行转换，特别是那些有手艺的农民，可以充分利用农闲时间，做手艺活增加收入，维持比较好的生活。雇工经营则不同，不管农闲或农忙，都要给雇工支付工资，这就大大增加了生产成本。一些农业公司经营亏损，除了投资过大和市场波动以外，不能充分利用劳动力和管理成本太高，也是其中重要的原因。

第三，小农户的土地面积有限，投入在土地上的劳动会比较多，土地产出效率往往比大规模粗放经营的农场要高。规模化经营往往是以减少单位土地产出为代价的，小农户经营则可以提高土地的生产效率，这在中国这样一个人多地少的国家，意义尤为重要。

第四，小农户为农业的多样性创造了条件。规模化的农场往往集中于单一作物的生产，从农业生态学来看，这种生产方式带来了许多问题。因为作物品种单一很容易诱发病虫害，为防治病虫害就会大量地使用农药，造成食品安全问题。小农户的农业生产规模小，生产可以多样化，不同的农户和不同的地块都可以种植不同的作物，也可以饲养不同的牲畜，有利于保持农业生物多样性和生态环境的丰富性。

二、小农户面临的困难

在工业化和城市化的背景下，小农户经营面临着许多新的困难。

第一，与工业相比较，农业的收益很低，在很多地方甚至不能自给自足，需要依靠政府补贴才能够持续。这造成小农户对非农收入的高度依赖，有许多农民为了外出务工，只能放弃原来精耕细作的农业传统，采取最节约劳动力的方式从事农业。更多农民放弃了农业，成为完全依赖非农业收入的城镇人口。

第二，小农户的生产面临着进入市场的困难。这不仅是因为小农户缺少进入市场的渠道，还因为小农户生产规模较小且缺少统一的标准和标识。大多数小农户的产品高度依赖中间商，中间商不仅会压低价格而且会将市场风险转嫁给小农户。工业化和城市化将就业机会越来越集中到城市，造成小农兼业的困难，小农户在家庭周边打工的机会在逐渐减少。此外，资本下乡也在挤压小农户生存空间，一些公司进入乡村以后，大量流转土地，实施规模化经营，使周边的小农户很难生存。

第三，构建新型市场关系。现在的市场关系是基于竞争而形成的，在这种市场关系中，小农户往往处于不利的地位。现在正在形成一些新型的市场关系，如生产者和消费者的直接对接，地方性而非全国或全球的市场，以及基于熟人关系和相互信任而形成的交易关系等，这些都可以更有利于小农户的生产和发展。

三、小农户经营策略

在新时代实施乡村振兴战略背景下，充分发挥小农户的积极作用，实现小农户和现代农业发展的有机衔接，关键是要做好以下五方面的路径工作。

1. 以现代科技和装备为支撑

农业产业兴旺关键在科技进步和创新。要立足我国国情，遵循农业科技规律，加快创新步伐，努力抢占世界农业科技竞争制高点，牢牢掌握我国农业科技发展主动权，为我国由农业大国走向农业强国提供坚实科技支撑。

一是发展现代生产技术。适应农业转方式、调结构新要求，调整农业科技创新方向和重点，选择适合我国实际的技术创新路线，在现代育种、农业信息、农产品精深加工、资源节约、农产品质量安全等领域进行重点突破，从而实现提高产量、提升质量、降低成本、保证安全的效果。

二是发展农业物质装备。不断改善和提升农业装备水平，尤其是机械化水平，加快农机结构的优化配置，提高农业机械的科技含量，大力推进主要农作物生产机械化，提高土地产出率、资源利用率和劳动生产率。同时，积极利用现代物质装备改善小农户储藏条件，减低因缺乏现代化设施所导致的在流通领域中的大量损失，提高农户的收入。

2. 形成多种形式适度规模经营

当前和今后一个长时期，小农户家庭经营仍将是我国农业的主要经营方式，但组织小农户形成多种形式适度规模经营，发展社会化大生产是现代农业的必然选择。培育发展家庭农场、农民合作社、各种类型的产业化经营组织以及多元化的农业生产性服务组织，其主要功能之一，就是组织带动众多小农户参与到现代农业发展的进程中。因此，一方面要鼓励引导小农户合作和联合，通过组建家庭农场联盟、农民合作社，鼓励农业产业化龙头企业和工商资本，特别是多种多样的农业生产性服务组织，带动小农户“生产得出来”“卖得出去”“卖得出好价钱”，解决小农户一家一户干不了、干不好的事情，提高现代农业的组织化程度。另一方面以家庭农场、农民合作社为骨干，密切其与小农户的多方面联系，形成命运共同体，要特别重视家庭农场、农民合作社在组织农民、降低生产成本、增加经营效益方面的功能作用，大力扶持家庭农场发展，提升规范农民合作社，建立健全支持家庭农场、农民合作社发展的体制机制、政策体系和管理制度，完善“农户+农民合作社”“公司+农户”利益联结机制，落实相关政策，让小农户有充分的发展空间和获利空间。

3. 以发挥小农户主体作用为导向

我国农业发展、农村繁荣、农民富裕的关键在“人”，应充分发挥亿万农民主体作用和首创精神。

一是提升农民的身份认同。提高农民思想道德和科学文化素质，培育与社会主义核心价值观相契合、与社会主义新农村建设相适应的优良家风、文明乡风和新乡贤文化，充分挖掘具有农耕特点、民族特色、乡土特质的物质文化和非物质文化遗产，促进农民主体意识的觉醒、自我认同的建立。

二是加快培育新型职业农民。大力发展农村基础教育和职业教育，对农民开展各种形式的职业技能和知识的培训，培养和强化农民职业理想和信念，提高其生产经营能力、农业生产效率和增收能力，增强农民的自我积累和内生发展能力，培养一大批把农民作为一个职业象征的具有较强市场意识、懂经营、会管理、有技术的农村发展带头人、农村技能服务型人才、农村生产经营型人才等农村实用人才，从而吸引更多的人成长为新型职业农民。

4. 以构建新型农业社会化服务体系为依托

全球经验反复证明，小农户在保障粮食安全、提供就业、实现农业可持续发展方面有着不可替代的多元功能和积极作用。因此，一方面大力发展农业生产性服务业，培育壮大适应小农户需求的多元化、多层次农业生产性服务组织。在重要农业生产经营作业方面，提供全程或专项服务，托管、半托管小农户生产经营相关事务，促进针对小农户的专项服务和综合服务相互补充，协调发展。解决千家万户小农户生产经营过程中的难题，以及农业生产关键环节“最后一公里”问题，要将生产性服务业作为战略性产业来抓，在减少农业生产直接从业人员的同时，不断拓展农业生产性服务业内涵外延，将单纯的农业生产性服务业拓展到包括乡村各类产业的乡村服务性产业，增加小农户在农业内部的就业机会。另一方面强化政府行为在农业产前市场信息提供、土地经营权流转、信贷保险支撑，生产过程中的产业链延伸、供给链保障、价值链提升、利益链完善、生态链拓展，产后产业、产品品牌塑造以及市场开拓方面为小农户提供全方位、广覆盖、无遗漏帮助和服务，提升小农户的产业素质和产业竞争力。

5. *以产业融合发展为引擎*

推进农村第一、第二、第三产业融合发展，是拓宽农民增收渠道、构建现代农业产业体系的重要举措，是加快转变农业发展方式、探索中国特色农业现代化道路的必然要求。

一是丰富产业融合的内容。加快农业结构调整，优化农业种养殖结构，大力发展绿色农业；鼓励发展农业生产性服务业和农产品加工业，推进农产品流通体系建设，进一步延伸农业产业链条；推进农业与旅游、教育、文化、健康养老等产业深度融合，拓展农业多种功能。

二是创新产业融合手段。大力发展农业新型业态，实施“互联网+现代农业”行动，推进现代信息技术应用于农业生产、经营、管理和服务。

三是探索农村产业融合的不同模式。因地制宜，鼓励发展农村“一村一品”“一乡一业”“一县一产”，支持小农户发展特色优质个性农产品。根据各地经济社会条件和资源禀赋，创造宽松的外部环境，农工、农商、农旅、农文、农城结合，带动小农户发展观光旅游休闲、电子商务、生态环境保护以及农村公共事业项目管护等新产业、新业态。在农业外部，毫不动摇继续推进城镇化，转移农村富余劳动力，特别是鼓励小农户就地就近就业，发展第二、第三产业，实现小农户的多元就业，多元增收。

参考文献

傅志强，黄璜. 2017. 现代家庭农场规划与建设［M］. 长沙：湖南科学技术出版社.

河南省农业广播电视学校. 2016. 怎样当好农业职业经理人［M］. 郑州：中原农民出版社.

李显刚. 2018. 新型农业经营主体实践研究［M］. 北京：中国农业出版社.

刘凤英，王朝武，傅莉辉. 2019. 新型农业经营主体带头人［M］. 北京：中国农业科学技术出版社.

刘艳霞，刘松叶. 2012. 现代农业企业经营与管理基础读本［M］. 北京：科学普及出版社.

宋洪远，赵海，等. 2015. 中国新型农业经营主体发展研究［M］. 北京：中国金融出版社.

杨莉梅，杨志新. 2019. 农民合作社建设管理［M］. 石家庄：河北科学技术出版社.